CAMBIAR CON LA ESCRITURA

LOS PRIMEROS PASOS

Recuerdo cuando escribía en las servilletas de los bares, con un bolígrafo azul, mientras los demás bebían y reían sin parar. No es que me disgustara la risa o que rechazara la alegría, pero me llenaba mucho más escribir de mis sentimientos en un papel en blanco. La sorpresa era mayúscula. Me iba conociendo con las palabras y estas me reconocían mí.

Es uno de mis primeros recuerdos como escritor, aunque entonces no me conocía nadie, pues no tenía lectores porque aún no había publicado. Era un pequeño secreto que guardaba en mi corazón y que me costó contar a los amigos e, incluso, a mis padres.

Mis amigos me observaron mientras leía cómics o libros, podrían recordar las cartas de amor que –con relativo éxito– les escribía para que se declararan a aquellas muchachas, y sin embargo, jamás se les pasó por la cabeza que me gustara tanto escribir y que mi sueño fuera convertirme en escritor.

Ya se sabe que los sueños de los muchachos son otros. En mis tiempos, los chicos de mi barrio querían convertirse en médicos o en futbolistas, en conductores de autobuses o en bomberos. A los sueños de las muchachas les rondaba el amor, pero también el arte y la enseñanza. Mi hermana mayor, por ejemplo, quería ser pianista.

Pero este sueño mío fue un secreto guardado mientras me iba formando como un joven más, hasta que pude llegar a la edad adulta. No lo logré de golpe, todo lo contrario, me costó lo suyo, pues esta afición que intenté convertir en un oficio no responde a la buena o la mala suerte, sino que se trata de lo que se conoce como "trabajo y más trabajo". En mi caso, trabajar en diferentes oficios hasta que pude concentrarme de lleno en la escritura.

Hiciera lo que hiciera, siempre me acompañaba la escritura, que es como decir que la llevaba en mi cabeza. Por eso, además de soñar con convertirme en escritor, intentaba que mis trabajos no se alejaran del mundo del libro. Así pude trabajar de librero, de bibliotecario, de feriante, en una oficina donde redactaba cartas y memorias y en otros lugares más atípicos si cabe, donde me recuerdo con un bolígrafo y un cuaderno bajo el brazo que abría en cualquier momento que tenía libre para plasmar mis ensoñaciones, mis poemas o aquellas declaraciones de amor que aún no había escuchado la chica que me gustaba.

Si me voy más atrás, me veo en un escenario haciendo teatro, de pueblo en pueblo, aprendiendo textos de memoria para recitarlos con el resto de mis compañeros. ¿Cuántos años tendría yo en ese entonces? ¿Siete? ¿Ocho? Ya veis, ese es el don de la escritura: escribir al recordar el mundo afortunado de la infancia y recordar mientras escribimos de momentos felices que todavía hoy nos emocionan cuando los leemos.

Me gustaba leer y soñar, creo que ya lo he dicho, pero nunca pensé que el sueño de convertirme en un escritor llegaría a ser realidad. Todo lo contrario, lo que me gustaba era copiar lo que otros escribían mucho mejor que yo e intentar hacer algo parecido con las primeras palabras que a mí me sonaban literarias e importantes, esas que de joven crees que son las más poéticas y de las que más tarde reniegas porque prevalecen las palabras cotidianas o las que luego escribimos con gusto y que son las que verdaderamente nos retratan como hombres, como mujeres y como seres humanos, las más sencillas.

A veces pienso que esas palabras –que estaban antes que yo– vinieron a mí para que les diera aire o fuego, según el caso, para que les inyectara sangre o las acariciara sin más, con un golpe de ternura. Otras veces pienso que todo lo aprendí de una música callada que se iba colando en aquellos primeros poemas que escribía sin saber adónde iban ni de qué lugar partían.

Ahora sé que todo parte de los primeros pasos en la infancia, se alimenta en la adolescencia y en la juventud se perfila con mayor claridad. En ese tiempo yo tuve la suerte de conocer a alguno que otro profesor que me hizo amar las letras.

Recuerdo al señor Etxeberria, que cada vez que entre los alumnos sorteaba un libro para su lectura, me tocara el que me tocara, me obligaba a leer otro. "No, este no", me decía. "Lee este y escribe sobre él", insistía. ¿Qué había visto aquel profesor en mí que yo, desde luego, no fui consciente hasta que entendí en quién me había convertido?

Sin saberlo, fui creciendo como lector y de la misma manera crecí como escritor sin saberlo. Con un libro en la mano o escribiendo sin más esas cosas tan mías que no tenían importancia, fui feliz en aquellos días en los que no tenía dinero y no podía salir de juerga con mis amigos. En la escritura encontré lo que faltaba por añadir a mi vida y por explicar de mi existencia, quizá fue esa primera media naranja que me dio fuerzas para seguir adelante, para confiar en mí, en el futuro y para amar el presente.

Pero aquel presente también tenía sus desventajas. En nuestro país una nueva era recuperó la democracia y un tiempo convulso impulsó una época donde las drogas y otras amenazas hicieron estragos en mi generación. Entre esos males que nos acechaban estaba la violencia, sí, la llamada violencia terrorista que muchos jóvenes abrazaron mientras creían que hacían algo parecido a una revolución.

Fue un tiempo nuevo, caótico, pero esos años fueron los espejos más engañosos a los que tuvo que enfrentarse mi generación. Y, ¿por qué os cuento esto como un recuerdo diluido en la felicidad de aquel momento? Porque la escritura y la lectura y, con ellas, las palabras, me salvaron del desgarro más duro, aquel que vivíamos en la calle, al obligarme a pensar en cada frase que escuchaba y al exigirme pensar todavía más en los razonamientos que escribía y que eran los mismos que esgrimía frente a los jóvenes echados para adelante, bien con las drogas o bien con las armas en la mano, y que se encaminaban a un callejón sin salida.

Pero no nos pongamos tristes, porque también aquel fue un tiempo alegre donde salía el sol y sonaba la mejor de las músicas, la de los años setenta y ochenta. Fue un tiempo divertido para los que supimos vivir en la música y en los libros, por lo que volvamos sin más dilación al juego y a la verdad de las palabras cuando se convierten en escritura. Así fue, me hice hombre con ellas y con ellas tuve todos los diccionarios del mundo al alcance de mis dedos y con ellas todos los viajes del mundo en mis manos abiertas. Es verdad que se me abría un mundo, pero nunca tan grande y tan maravilloso como pudiera haberme imaginado.

Con los libros podía convertirme en un malvado sin serlo, en un atracador de bancos, en un pirata, en un emperador, en un actor, en un profesor chiflado, en un vaquero o en un superhéroe de los de antaño que tanto se parecen a los de ahora.

Pero lo mejor de todo era que podía viajar a la China del siglo X o la Italia renacentista del siglo XV y perderme en la selva o bajar por el río con mis personajes favoritos. Podía ser un tahúr, un romántico enamorado, un pícaro, un juez y reírme del padre furioso de aquella chica de la que estaba enamorado.

En los libros encontré el amor y el odio, la vergüenza y la venganza, la pasión y el enredo, la tristeza y la felicidad, pero, sobre todo, encontré las voces de los personajes que luego yo observaba, a mi manera, en la calle. Encontré el humor que no existía en esa calle, por lo menos, de manera evidente.

Solo tenía que dejarme arrastrar por la ola de ese mar inmenso de la literatura y llegar a una orilla donde pudiera poner mis pies o a ese otro puerto donde pudiera acercarme a los bares del muelle donde iban los marineros abrazados a aquellas señoras tan estupendas.

Una vez allí, en la oscuridad, con una pequeña lámpara, apartado en una mesa de madera, volvía a ser yo y escribía de esos viajes, de lo que había visto, de lo que había soñado, de lo que me había pasado, del hambre que sentí, de la sed que padecí, así como del abrazo que me dieron en medio de la nieve o de esa bella mujer que en una noche estrellada me declaró su amor.

Los libros me guiaron por el firmamento de la vida, la calle me mostró su faceta más real y las palabras, de uno y de otro mundo, me sirvieron para que fuera yo el que ordenara y mandara en un mundo donde mis amigos se convertían en personajes y los personajes terminaban siendo mis amigos.

Como las palabras siguen su curso, tal como el río va al mar o el río de la vida llega a nuestras casas, no tuve otro remedio que hablar con las mías y explicar lo que pasaba por mi imaginación, lo que sucedía a mi alrededor, para explicarle a un lector cercano, al que conocía, pero también al alejado, aunque pudiera vivir a miles de kilómetros, cómo era mi casa y cómo el tiempo de mi escritura.

Por eso, en ese tiempo fui feliz, porque las palabras venían para reconocerme. Podía hacer música con ellas, dibujar un rostro con ellas, tocar el cielo, dar un abrazo y, poco a poco, con mis poemas, buenos y malos, con mis relatos, fallidos o no, con esas cartas que escribía para los demás, fui encontrando mi voz mucho antes de que encontrara un lugar en el mundo.

El mundo me llamaba la atención y me llevaba adonde no creía que me pudiera llevar el río de la vida. Allí encontré lectores que se interesaron por lo que decía, amigos que quisieron que les escribiera algunos poemas, personas que se adueñaron de lo que escribía, una realidad compleja que hizo que me viera distinto y que supuso en mí un verdadero descubrimiento.

Cuando me di cuenta supe que nunca estaría solo. Todo lo que me pasaba con los libros, pero de un modo íntimo, se abrió al mundo cuando aparecieron aquellas sombras que adquirieron ojos y boca, orejas y pestañas, manos y brazos, para convertirse en amigos y en seres humanos con nombres y apellidos.

Al principio no eran muchos, pero fueron importantes. Tan importantes que les guardo mi admiración y el mayor de los respetos. Gracias a ellos supe que las palabras me habían llevado a un lugar donde debía imperar el respeto. Debía prevalecer también la alegría, pero, como los comienzos son como son, escribí libros tristes, bastante duros y que, sin embargo, fueron necesarios para llenar una botella vacía que tenía en mis manos y empezar a llenar otra más una vez que acababa la que tenía sobre la mesa. Y así, botella tras botella, escribí de mi vida siendo la de otros, de la misma manera que cuando escribo de los demás sigo siendo yo mismo.

La escritura me enseñó a ser libre ante el mundo, a ser como era ante los demás, a ser yo mismo con todas las contradicciones, pero con la verdad a la vista. A veces, con temor, otras veces, con miedo, fui asomando la cabeza hasta que las mismas palabras me mostraron que uno puede ser lo que desea si las repite a menudo.

Ese es el primer don de la escritura: ser un deseo, algo que luego se convierte en realidad. La vida y la escritura son dos caras de una misma moneda, tal como la literatura es un truco para que parezcamos lo que no somos, aun siendo siempre los mismos.

Ese deseo contiene el amor y la magia de las palabras. El amor que prevalece en el mundo y que se traslada a los finales más felices o a los tiempos más demoledores de las historias que se cuentan en las novelas. La magia de sumergirse en una realidad que nos despierta, tal como somos, vestidos de otra manera y haciendo cosas diferentes.

Y en esas cosas estaba yo cuando escribía los poemas de la servilleta y deseaba enamorarme y deseaba que una mujer me llevara a sus brazos para que pudiera recitarle alguno de mis poemas, cuando uno de mis amigos me preguntó "¿qué haces?", y yo no supe qué decir, pese a lo que estaba sintiendo y escribiendo. Ahora lo sé. Escribo mientras siento, siento mientras escribo y busco las palabras que me explican la vida, tal como persigo a las que nos retratan lo que somos y hacemos.

Y ¿qué hacía yo en aquella esquina de un bar donde la gente se divertía y había un ruido de diablos y el humo lo invadía todo? Pues ser feliz a mi manera, sin faltar al respeto a nadie, entretenerme con lo que veía a un metro en las páginas que leía y observar cómo los chicos pedían baile a las chicas y volar sobre sus cabezas como si fuera transparente, con los poemas que escribía y luego les leía al abandonar el lugar y salir a la calle.

Vaya sorpresa al notar el silencio en sus ojos. Yo les hablaba y a ellos les gustaba. Les contaba cómo eran los ojos de aquellas chicas y sus sentimientos, y ellos, que se hacían los duros, cerraban los ojos y decían con la cara que sí, moviendo el rostro a un lado y a otro, con una cadencia que todavía me hace sonreír si lo recuerdo.

Así eran ellos. Sonreían por dentro, mientras yo explicaba esas cosas que incluso a mí me sorprendían cuando las iba escribiendo y luego, cuando abrían los ojos, me preguntaban si les podría escribir algo para ellos, pero dirigido a aquellas chicas que tanto les gustaban.

Mis amigos me querían así, con ese silencio que me embargaba, porque, entre otras cosas, sabían que podían confiar en mí y que así como me tenían a su lado para jugar al futbolín, para jugar al billar o lanzarnos al agua los días de verano, para sumergirnos desde aquellas alturas o desde las rocas al mar, sabían que yo estaba allí para contarles no solo lo que leía de otros escritores a los que admiraba, sino lo que yo mismo inventaba sobre viajes inverosímiles o batallas espeluznantes, con héroes que surgían del espacio u otras historias de amor que poco tenían que ver con aquellas historias que se contaba la gente atropelladamente, pero que todos ellos escuchaban con curiosidad.

"¿Lo has inventado tú?, ¿ahora mismo lo has inventado?", me preguntaban. Y yo les respondía que no y les decía que no se trataba de que fuera mentira, sino de mezclar la imaginación con la realidad y de emplear las palabras, pocas, en su sentido exacto.

De eso se trata: de atrapar el paisaje con pocas palabras, decir con poco lo que es mucho y volar muy alto con lo que parece menos. De soñar con lo que tenemos más a mano y de perseguir los sueños hasta que se conviertan en realidad.

Como cuando uno sueña con un deseo muy personal y, al final, de tanto decirlo, se cumple. O como cuando uno se enamora y sueña con que algún día pueda pasear con esa persona, fuera de la mirada inquisitoria de los amigos, en una maravillosa soledad.

Así iba yo también en mi soledad, medio enamorado de la vida y de las palabras, una vez que dejaba a los amigos en la calle y me volvía a casa donde me esperaba mi madre con la cena preparada sobre la mesa. Colocaba un cuento o un libro entre el vaso y el plato y lo devoraba todo con gusto: el filete, las patatas, el vaso de gaseosa con un poco de vino, los cruzados, los héroes, en fin, mis sueños que se iban haciendo realidad.

Mi sueño daba rienda suelta a mi realidad y en ese mundo, tocado por la necesidad de escribir, de aprender, de elegir un camino, soñaba con escribir algún día una historia maravillosa que se pudiera escuchar en algún lugar o descubrir un poema mío publicado en alguna revista.

Es verdad que había tenido un modesto éxito con las cartas que escribía a las chicas en nombre de mis amigos y, sin embargo, podría decir que no aspiraba a nada más, que no me importaba mucho lo que hacía, pues entonces no pensaba, no sabía o no le daba importancia a qué lugar podría llegar lo que escribía.

Lo más importante era seguir escribiendo esos poemas de la servilleta que comenzaron como un juego, que luego se convirtió en una necesidad y más tarde en parte de mi existencia, hasta el punto de que necesité de su compañía en casi todos los momentos de mi vida.

Y fueron mi compañía porque con las palabras, con los poemas, podía dibujar el mundo, describir lo que les sucedía a las personas, descubrir los deseos ocultos de los que me rodeaban y alcanzar una paz que el mundo real, el vivido, no presentaba de un modo tan mágico y tan sencillo a la par.

La escritura me llevaba al sueño más hermoso, como antes la lectura de los primeros libros me había arrastrado a un mundo nuevo, en paz, que se presentaba como ajeno y se había convertido en todo lo contrario, en algo propio.

La vida ahí afuera era muy dura para unos chavales que empezaban a moverse por el mundo sin estar preparados del todo, mientras pensaban –eso sí, no éramos orgullosos ni nada– que todo era pan comido, aunque luego el tiempo nos pusiera a cada uno en su lugar.

Y desde entonces, mi lugar fue ese centro de la escritura donde podía verme y con mis ojos ver a los demás con otra mirada, pues lo que yo terminé por llamar como *Los poemas de la servilleta*, mientras los escribía allí en los bares o un tanto apartado en los bancos del paseo que daban al mar, me concedieron sin saberlo, una mirada que nunca se apartó de mí y que me sirvió para ver con ojos más profundos si cabe o, al menos, un tanto diferentes del resto, lo que pasaba en el mundo y en la vida.

Con ojos azules cuando hace frío, blancos cuando se siente el barro de los caminos, rojos y amarillos cuando se necesita del sol y del campo, morados y violetas cuando se habla del dolor, y verdes y grises cuando se menciona el amor, por ejemplo.

De esos colores y de otros matices, que por ahora prefiero no detallar, se impregnó mi escritura al sentir que las palabras me llevaban, unas detrás de otras, a un lugar mágico y que las frases se mezclaban hasta esclarecer su significado mucho antes de que las cosas sucedieran.

Un significado que desde mi mundo, con la humildad debida, podía convertir en una metáfora de lo que sucedía o podría, desde luego, suceder. En un retrato de lo que pasaba ahí fuera, a unos doscientos metros de mis ojos o a miles de kilómetros de mi lugar de residencia.

Mi biblioteca se convirtió en mi aprendizaje y las palabras me ayudaron a verme de otras formas. A aprender que la mente es libre y que los hombres y las mujeres se confunden con sus deseos cuando buscan la felicidad a todas horas. Que los jóvenes son lo mejor del mundo, pero que necesitan encontrar un camino y dar con un profesor que saque lo mejor de cada uno hasta que comiencen a andar por sí mismos, a escribir con sus propias palabras, pues solo de esta manera podrán hacerse mayores y disfrutar de la vida, amar su trabajo, amar a las personas que tienen a su alrededor y pensar finalmente que también pueden ser capaces de explicar lo que su cabeza les dicta que es cierto y lo que su alma les hace soñar, bien con los ojos abiertos, bien con los ojos cerrados, mientras mueven la cabeza y dicen que sí o dicen que no, y mientras alguien a su lado –como un ángel amigo– con palabras acertadas les cuenta lo que está sucediendo y puede suceder, con cariño, con ternura, con la misma ternura que yo pude escuchar de otros es-critores lo que ellos habían preparado para que me convirtiera en lo que ahora soy y tengo, como aquellos muchachos que pasamos juntos la infancia y la juventud y que aún hoy, pese a lo que les conté y les sigo contando, siguen siendo mis amigos.

LAS PALABRAS Y EL CUERPO

El cuerpo va cambiando y con ello, vamos cambiando nosotros. Se podría decir que todo se debe al paso del tiempo que nos va haciendo mayores y nos hace ver con otros ojos la realidad.

Las palabras también cambian con el paso del tiempo, pero no lo hacen porque cambie su significado, sino porque lo que cambia es su impresión, su sonido, su importancia en un tiempo y en otro.

Y, sin embargo, pese a los cambios del que las pronuncia o pese a la ligera transformación de su posible importancia, las palabras están ahí antes que nosotros y tienen su peso, su cuerpo, su volumen, sus luces y sus sombras e, incluso, su eco, su silencio.

En ese silencio, algunas suenan frágiles, otras parecen sólidas y muchas se volatilizan, se disuelven, se mezclan con algunas más, en medio de tantas frases que se dicen a diario y se muestran como lo que son, significados que desnudan el cuerpo del mundo.

Pero las palabras son el cuerpo de la escritura y también pueden ser nuestro mismo cuerpo cuando hablamos y movemos las manos, cuando gritamos y abrimos los ojos, sentimos una emoción muy fuerte y nos mordemos los labios, cuando quedamos en silencio y pensamos.

Entre tantas palabras que tenemos a mano, debemos pensar entonces en la escritura que da forma a nuestro pensamiento, y entre tantas palabras que quedan disueltas en el aire del silencio, debemos fijarnos en aquellas que elegiremos para explicar los sentimientos y describir los estados de ánimo, así como las que nos acompañan, esas que observamos en el espacio y que son las que describen los objetos que nos rodean, el color del mar o del cielo, y que explican a los demás si llueve o hace frío, si viajamos en coche o vamos a pie.

Nuestro cuerpo se explica con nuestras palabras y nuestro pensamiento se abre a los demás con las que pronunciamos, con las palabras que utilizamos en medio de numerosas pausas que sirven para tomar aire, respirar y sentir el silencio.

Una vez que se siente el silencio, todo comienza a andar. Es como cuando nadamos en el mar: primero, movemos un brazo y luego otro; después, un pie y otro, y, finalmente, flotamos y avanzamos como si nada, sin apenas esfuerzo, una vez que hemos aprendido y nos hemos acostumbrado.

Así es el cuerpo de las palabras que avanza lentamente y flota en el aire, y así su poder y su evocación que se escucha en los oídos, mientras aquellas que compartimos quedan con un eco sostenido durante algún tiempo.

El tiempo de las palabras es necesario, con ellas nos explicamos, nos conocemos. Gracias a ellas, además, nos ven los demás, nos observan. Por las palabras que se utilizan, por su peso, sabemos cómo somos y cómo nos ven los amigos y los compañeros de trabajo, hasta conocernos, de verdad, con las palabras que elegimos para explicarnos.

Con las palabras puedes hacer un retrato del mundo, pero, si lo deseas o quieres intentarlo, deberías empezar por algo más cercano. Por ti, por ejemplo, y hacer un retrato de cómo eres, qué sientes, qué eres capaz de compartir y cómo quieres darte a los demás, empezando, eso sí, por ser fiel, no mentir y ser tú mismo.

Y cuando uno es fiel a sí mismo, el cuerpo de las palabras se confunde con el mismo cuerpo de la persona que las utiliza y su velocidad y su ritmo, que dependen de la fuerza o de la calma de las frases empleadas, dependerá también de cómo mueves los brazos o los ojos y cómo hablas cuando todo cobra sentido.

Todo es sencillo si lo haces despacio y piensas muy bien lo que dices, y un tanto más complejo si lo haces a trompicones y te dejas llevar por la fuerza de las palabras, y te dejas arrastrar por el viento que asoma en ese espacio donde estás tú ante los demás y los demás se sitúan ante ti como en un espejo.

En ese espejo deberás dibujarte con palabras y dar sentido a tu pensamiento. En la cabeza, arriba, están las palabras más sentidas, las que son capaces de volar muy alto y volver un día a casa. Las que se van, las más libres y las que regresan con total libertad.

En los ojos quedan las palabras más tranquilas, las que ven y lo observan todo. Las que son capaces de describir lo que pasa, así como las que cuentan lo que sucede alrededor. En los ojos, ya se sabe, están las que miran y nos miran, las que no mienten y nos seducen porque todo se abre a la belleza del mundo como a las necesidades que se sitúan en medio de la atracción y la timidez que nos conmueve a partes iguales.

Las que escuchan los oídos son las de la esperanza y en tiempos más íntimos o personales aparecen, cómo no, los secretos. Esas palabras que son ellas mismas un auténtico tesoro y que se han de saber guardar bajo llave y no dejar que salgan fuera.

Para que nada salga fuera cuando no se debe o para guardar los sentimientos bajo llave están las palabras del corazón. Estas son las más profundas, las que saben mucho de nosotros, las que son capaces de transmitir al milímetro lo que sentimos y padecemos.

Así de sinceras son estas palabras que no olvidan que de la misma manera que gozamos, a veces, padecemos por igual. Pero, pese al dolor –pues también se sufre porque es parte de la vida cuando se aprende y se crece–, las del corazón son las palabras más balsámicas que existen en el mundo.

Si no me crees, pregunta a quien lo desees y verás cómo todo el mundo, todas las personas necesitan y entienden del poder curativo de las palabras del corazón.

Los amigos lo saben muy bien porque el corazón habla de la amistad. Los enamorados también son conscientes del poder del corazón en las palabras que se dicen entre ellos porque sienten de lleno su pálpito y su significado con una fuerza especial.

Los padres que aman a sus hijos sienten las palabras del corazón, aunque, a veces, se enfaden, como las más certeras y bonitas del mundo. Las madres sienten su corazón a rebosar con palabras tiernas que dictan y enseñan a sus hijos.

También los profesores hablan con el corazón en la mano. Y si las palabras del corazón pasan de mano en mano es porque con ese gesto, con tacto, se pueden ofrecer con respeto, con sabiduría, con complicidad. Con una distancia que los alumnos pueden sentir como apropiada.

La mano es una prolongación del corazón. ¿Nunca has sentido que cuando se habla parece que muchas manos invisibles nos rodean? Cuando se coge la mano a una novia, por ejemplo, por recordar algo que a todos nos ha pasado. Cuando se habla y se abraza a un amigo chocando las manos previamente. Cuando se da algo a quien lo necesita con todo el corazón o cuando se levanta el dedo para descubrir una idea maravillosa que surge de dentro, del corazón. ¿Te ha pasado?

Las palabras del corazón, como la sangre que va por dentro de las venas hasta llegar a expandirse por todo el cuerpo, recorren toda la anatomía, de un modo seguro, cierto, que precisa de los significados subterráneos que poseen las palabras.

Las del corazón vierten su fuerza y su sentido a las demás partes del cuerpo. Dan ritmo y velocidad a todas las partes de la anatomía que, a su vez, observa en calma cómo llegan las palabras que son necesarias y se pronuncian en el momento justo.

El pecho tiene las de la fuerza y las de la sensibilidad. Con ellas erguimos la cabeza y hacemos frente al viento que sopla en contra. Pero, por el contrario, en la alegría aparecen desnudas al sol y son las más tiernas y sensuales cuando una mano amiga o un abrazo amoroso nos toca esa parte del cuerpo.

Las del vientre son las palabras para calmar las necesidades. Así como comemos con el cuerpo, con la boca, estas palabras que arrastramos con las manos y que pronunciamos con los labios, llevan el hambre de su mismo sentido al mundo de la existencia.

Como alimentos nutritivos, las palabras permiten que nuestro cuerpo viva de forma natural y libre. Si debemos cuidar nuestro cuerpo para poder vivir los años que sean necesarios, debemos cuidar nuestro espíritu con las palabras que perduran con nosotros.

Si nos enseñaron a mantener una higiene del cuerpo, podemos aprender también a limpiar las palabras que salen de nuestra boca. A respirar con ellas natural y libremente. A darles belleza y tono ante los demás, como llenamos nuestros pulmones del aire que respiran las mismas palabras y el vientre con las que calman nuestros apetitos cada vez que sentimos la vida.

En todo caso, podemos sentirnos llenos y pletóricos cuando saboreamos el significado de estas palabras que sustentan y sostienen en la parte baja del cuerpo a las del corazón y la memoria. Cuando las introducimos dentro, en el interior del cuerpo, y las conservamos y las alimentamos para que salgan con un nuevo brillo y con una marca muy especial, que la memoria recoge como propia.

Entre tanto, en la mente queda la memoria con las palabras gastadas, con las ajadas por el paso del tiempo, pero también con las profundas de la historia. Estas son serenas y auténticas cuando se alcanza la madurez y ligeras y divertidas cuando se es más joven.

En la vejez, no obstante, son un tanto extrañas. Prevalece su eco, pero cuando se cumplen muchos años, estas últimas palabras pasan a situarse debajo del cofre de los secretos guardados, al fondo del baúl de los recuerdos y las primeras, las otras, las que pronunciamos de niños o cuando éramos jóvenes, y que eran las que recordábamos como lejanas, pues explicaban nuestros primeros pasos, pasan a descubrirse arriba del cofre cuando se abre la tapa de la historia y de los sueños.

Lejanas son las palabras que nos llevan de un lugar a otro. Con ellas caminamos o recorremos, pero no solo muchos kilómetros, sino los senderos nuevos que nos ofrecen las palabras que se relacionan y aparecen, con el viaje, a la vista.

Es evidente que hay palabras cercanas que sentimos como próximas y otras que parecen que se nos escapan de las manos porque no las sentimos o no creemos mucho en ellas.

Y, sin embargo, con el viaje de los hombres y las mujeres también viajan las palabras, como van los hombres y las mujeres para conocerse, para hacer negocios, para sentir la belleza de otros ríos y otras ciudades, para conocer el rastro del mundo que con tantas palabras desea reconocerse finalmente en el cuerpo de la escritura para que el cofre de la memoria pueda guardar sus mejores secretos, los más frescos, sin que les dañe la polilla del olvido o los gusanos de la confusión lo devoren todo: el papel, el amor que está en las raíces, el deseo que mueve la tierra.

Así la escritura que puede recorrer con su belleza el mundo y la tierra que puede arrastrar cualquier raíz al corazón de sus lectores. La escritura, la poesía, puede recuperar el cuerpo desnudo de un recuerdo, y dar vida al cuerpo vestido que descansa en una esquina de la casa, porque las palabras que tienen cuerpo buscan una casa para vivir, comer, descansar, reír, soñar y dormir.

Si tu cuerpo se siente bello, las palabras son bellas. Si tu cuerpo está tenso, las palabras saldrán tensas. Si tu cuerpo tiene ganas de fiesta, las palabras que salen serán divertidas. Si tu cuerpo clama odio o siente rencor, las palabras serán dolidas y ásperas. Si tu cuerpo está triste, saldrán lágrimas de las palabras.

Pero si tu cuerpo se levanta de la caída, el corazón volverá a hablar de la esperanza y de la belleza del momento. Y es ese momento, y no otro, el que cambia también a las palabras. Sí, es el tiempo el que las moldea, aunque siempre estén ahí para nuestro rescate o esparcimiento, para nuestra desilusión o gozo, aunque, como muchas veces se cree que pasa, nunca cambien de significado.

El tiempo da una medida exacta de las cosas, y así como cuando éramos jóvenes no pasaba tan rápido, cuando somos mayores sentimos cómo va a una gran velocidad, casi de vértigo, por más que las palabras, con los años, también encuentran su equilibrio, su paz.

Cuando se es joven todo es acelerado, incluso los sentimientos y las palabras que aparentemente se pronuncian con extrañeza son puras y son una maravilla, aunque estén aún sin hacer. De mayores, en cambio, se alcanza la paz necesaria, la calma justa, para sentir el equilibrio del cuerpo y de la vida con las palabras que pronunciamos porque se hicieron con nuestro camino, con nuestros errores y aciertos.

Mientras tanto hay que esperar a ver cuál es la que más nos conviene, pues, por ejemplo, no es lo mismo utilizar las malas cuando se está enfadado que utilizar las buenas cuando se está enamorado.

El escritor lo sabe y por eso antes de escribir, sitúa el cuerpo de la escritura muy cerca del papel donde escribe. De hecho, como las palabras que se acomodan unas detrás de otras, él mismo se ubica muy cerca del cuerpo de las palabras hasta fundirse con ellas, todo en uno.

Este es un momento mágico. El escritor sabe qué sucede con las que le vienen desde el corazón y sabe también la dificultad de relacionarse con las que quieren huir a otro lugar y no salir. Las que salen del corazón, las que salen de dentro, son las más sinceras, las más certeras, explican el mundo con ojos bellos y dan un sentido de espiritualidad y de verdad a lo que sucede y se quiere explicar cuando se respira con el eco de las mismas palabras que, como si mirasen a otra parte, nos eligen mientras tanto.

Las que nos rechazan son peligrosas y pueden sentirse como una traición y con su fuerza pueden hacernos daño. Un dolor y un fastidio que no solo se observa en los ojos y se siente en la mente, sino que se eleva y nace en el mismo cuerpo que se estremece tanto como los oídos cuando escuchan lo que no se debía escuchar y sentimos cómo nos recorre un escalofrío por el interior más secreto.

En el mundo de todos los escalofríos posibles pasan más cosas: como que el cuerpo necesita enfermar para sanar luego. En ese proceso, sentido y crucial al mismo tiempo, las palabras han de ir con sumo cuidado, con mucho tacto.

De la tristeza a la alegría, del dolor a la paz, del odio al beso, las palabras recorren así su sentido hasta encontrar el eje de su sanación, el centro de la vida, el equilibro de la escritura, la red de las palabras que sin cuerpo, sin voz, dejan de existir plenamente hasta que vuelven a su espíritu primigenio.

Llegado el caso, también hay cuerpos que dejan de existir y en ese momento las palabras que corresponden, las de duelo, deben utilizarse con mucha ternura, pues se enfrentan al llanto cuando no tenemos a quien aferrarnos y parece que todo el mundo nos mira.

Pero esta realidad, tocada por la ausencia, por el desamparo, no nos debería preocupar más que en el momento preciso de la desaparición, en esas horas y en unos días que siguen al suceso más triste que conlleva la pérdida de un ser querido porque, con la muerte, las palabras del espíritu y del alma comienzan a volar desde un lugar secreto para posarse en el cuerpo de Dios, de un modo muy simple y terrenal.

Y Dios, en este caso donde parece que no hay palabras de socorro o de auxilio, recurre a esas palabras invisibles que suenan dentro de todos cuando las necesitamos. Y la voz interior, aunque parezca mentira, es parte esencial de la escritura porque se siente parte integrante del mismo cuerpo, que somos todos nosotros cuando vamos de la vida a la muerte o de la muerte volvemos, sin más, a la vida.

Es en ese tránsito cuando lo entendemos todo y se abre un nuevo ciclo. La maravilla que es sentir lo que somos capaces de pronunciar y de escribir en ese momento en el que volvemos a las que pronunció el ser querido que no está ahora junto a nosotros y que tanto nos quiso, que nos amó, porque llegado el caso podemos recordar su cuerpo con las palabras de amor o de ánimo, de compasión o de complicidad, que salen del pecho mientras se vive.

A menudo, uno no se da cuenta del verdadero poder y del verdadero alcance de las palabras que, como un cuerpo invisible, nos acompañan a todas partes, vistiéndonos de día y desnudándonos de noche. Es así de sencillo.

Cuando el día viste su conciencia, aparecen las palabras de arraigo. Cuando la noche desnuda los sentimientos, aparecen las palabras que cuidan nuestro sueño. Un enigma que las palabras no quieren detallar, al fin y al cabo, como una realidad plena, única y que todavía nos asombra porque, a veces, son los deseos los que vencen y otras, son las pesadillas las que ganan.

Pero las palabras que vuelven a casa siempre son las de la esperanza y las que vuelven al cuerpo son las que respiran con amor y con ternura, con felicidad, con poesía, tal como las emplea el escritor que parece que está hablando de otras cosas, pero que, en el fondo, habla con las palabras que son de todos y que elegimos a una hora distinta de la mañana y que lentamente se funden en un descanso maravilloso cuando se reza por la noche y se siente lo que se hizo en el día antes de ir a dormir o se ama a quien está a nuestro lado antes de conciliar el sueño en la cama.

Y si el cuerpo descansa, entonces también descansan las palabras que tanto daño parecía que hacían y que finalmente, tanto bien nos hacen cuando se pronuncian con mimo, con educación y con elegancia.

Las palabras que se sitúan ante todos y que aún en el futuro nos harán sentirnos mejor cuando las pronunciemos con sinceridad, con magia, pues el cuerpo de las palabras se confunde con el de la escritura, se mezcla con los huesos y la carne, con los ojos y el cabello, con las orejas y los pies de los seres humanos, por arte de magia, hasta que todo lo que parecía separado se funde en un solo cuerpo.

Es lo que tiene este mundo que de tan separado que parece, está en el fondo muy junto. Los cuerpos se atraen y su misterio se funde en el universo de un tiempo en que todo va variando cuando con las transformaciones del cuerpo vamos cambiando también nosotros. Se podría decir que todo se debe a que nos vamos haciendo mayores y vemos la realidad de un modo diferente.

Pero lo que de verdad deberíamos pensar es que con las palabras pasan cosas y que las cosas que suceden y los objetos que nos rodean tienen palabras que usamos con la boca, una vez que la lengua las saca de nuestro cerebro para que el pensamiento se introduzca en la realidad y los temores se dispersen en el aire de la existencia cotidiana, tal como el escritor escribe de lo desconocido cuando deja abierto el manantial de las palabras en la tierra de los sueños.

Los sueños evidentemente también tienen palabras y cuerpo, pese a que muchas veces creamos que las sentimos o que las vemos solo cuando estamos dormidos. Porque el cuerpo de los sueños es el que nos mantiene vivos, el que nos da fuerza para seguir adelante y recorrer el mundo, el que nos lleva a las palabras para que se realicen los mismos sueños que soñamos despiertos.

Está claro que se realizan si se nombran, que si se pronuncian, existen y que aparecen el día menos pensado. Si se habla, se constata su existencia el día más inesperado. Si se tiene voz, retumba el eco de la escritura con las palabras que se dicen al oído o con las que se gritan al aire libre.

Si se recuperan las perdidas se vuelve a vivir el pasado. Si se mantienen las que se necesitan para vivir a diario, se reaviva el presente. Si se lanzan a lo inesperado, se abre un nuevo horizonte donde se muestra el futuro.

Solo es cuestión de decirlas o pronunciarlas como de escribirlas en un papel o de llevarlas en la cabeza para que lleguen al corazón de todos los que las sienten y se apropien de esa magia de lo inesperado cuando salen de sus bocas las primeras frases tocadas por el deseo.

Una vez que se siente, el deseo es un misterio más del cuerpo estremecido; lo reconoce de inmediato el enamorado cuando ve los ojos de la amada a un paso de su existencia.

El enamorado que siente el cuerpo cuando es más cuerpo que antes de que pronunciara las palabras deseadas porque ha llegado a ese tiempo en el que comprende su verdadero significado.

Las palabras que se pensaba que no podrían ser reales, con tanto peso, como el que puede alcanzar la conciencia, y que, ahora, también ella, es capaz de volar, de amar, de perdonar, de recuperar el tiempo perdido, de creer, de saber, de existir y de escribir de todo lo que pase o de lo que jamás haya sucedido.

Las palabras cambian con el paso del tiempo, como cambia el mundo. Su impresión es parte de su existencia, su sonido parte del eco de quien las pronuncia, su importancia, en un tiempo y en otro, el auténtico significado de nuestros cambios.

Pero, pese a los cambios del que las pronuncia o a la ligera transformación de su importancia, las palabras tienen su peso, su cuerpo, su volumen, sus luces y sus sombras e, incluso, su eco; ese maravilloso silencio nos descubre atentos a lo que pasa.

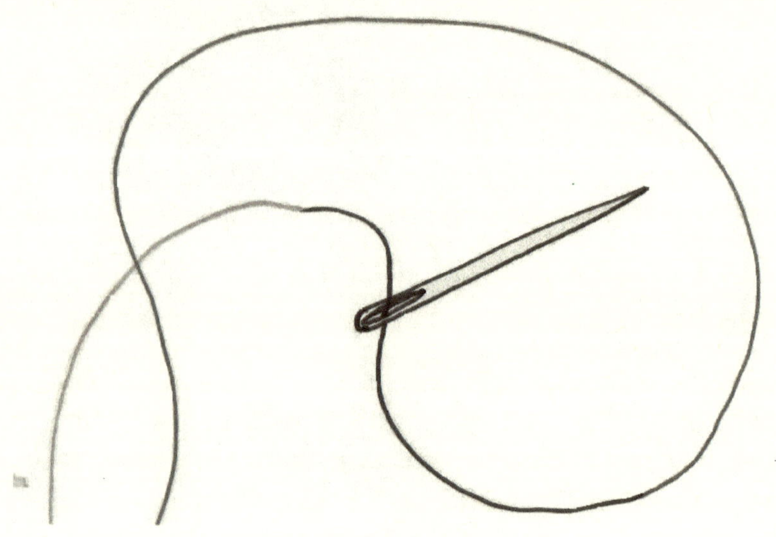

LA VIDA DE LA ESCRITURA

La vida de la escritura es más sencilla de lo que parece. Todo comienza a andar sin que se sepa cómo ni dónde, pero empieza a andar y ya no tiene remedio.

Comienza con el habla cuando tenemos muy pocos años. Ahí todavía la escritura, lo que vendrá después, está agazapada. El proceso sigue con las canciones que nos enseñan y que, de niños, aprendemos de memoria.

La escritura se vale de su eterna amiga, de su inseparable amiga, la música, para que el sonido de las palabras comience a surtir efecto en el cuerpo y con su rumor penetre en el entendimiento hasta que, sin querer, de un modo natural e involuntario, se pueda aprender qué significan y qué quieren decir cuando las utilizamos.

La música es muy importante en la escritura. Para que esta tenga vida, las palabras deben sonar muy bien, parecer más hermosas que cuando están dormidas en el diccionario. Para lograrlo puede acompañarse de otras palabras y sonidos hasta formar melodías serenas, estrofas profundas o frases tiernas que conmueven al lector, que es ese espectador que escucha la música que tienen las palabras.

Pero las palabras llegan un día y ahí se quedan. En nuestra mente, en nuestro cerebro, en nuestras manos, en nuestros labios y nuestra boca, en todo el cuerpo que, cuando se retira a la cama, de noche, necesita descansar tanto del ruido como de las melodías que hemos escuchado con las palabras.

El silencio es necesario. El silencio nos prepara para poder escuchar y asumir –en un volumen u otro– el ruido de las palabras. El silencio las defiende, las congela y luego, las amplía para que podamos hablar con libertad y seguir su misterio.

Pero volvamos a la vida de las palabras. Algunos dirán que las recuerdan con nitidez desde los cinco o seis años, otros cuando eran adolescentes o jóvenes y algunos más, cuando eran maduros o ancianos.

Para esta evolución hay opiniones para todos los gustos. Otro tanto sucede con la vida de la escritura. Los hay que recuerdan sus primeros escritos, sus cartas de jóvenes enamorados, a los quince años. Otros dirán que fue a los veinte cuando comenzaron a estudiar de verdad o a trabajar en equipo. Y los hay que se decantarán por esa madurez que llegó cuando su mente sabía explicarse con las más necesitadas.

Sea lo que sea, las palabras que se utilizan en la escritura son las mismas que se emplean en el habla. Solo que, porque el tiempo puede parecer que es otro aun siendo el mismo, se eligen algunas frente a otras, y en esa selección se decantan por las más bellas o por las que expliquen, con sumo cuidado, lo que acontece en el mundo.

Quizá las más cercanas para quien las pronuncie. Para quien en ese momento las utilice. O para esa otra persona que las escuche. Es un juego maravilloso, un eco especial que va de una a otra persona, de una madre a un hijo, de un enamorado a su amor, de una amiga a un amigo.

Sabéis, por tanto, que cuando hablamos podemos perdernos en el lenguaje, podemos dejarnos llevar por él, porque el amigo podrá entender, en confianza, nuestros gestos e, incluso, lo que no decimos.

Pero cuando se escribe, el amigo es nuevo, está lejos y debemos explicar con acierto lo que de verdad queremos. Y lo que sentimos cercano, bello, conmovedor, tierno y, si es preciso, también de un modo directo, duro o provocador. Pero, sea de una manera u otra, debemos hacerlo desde las palabras que nosotros escuchamos en el cerebro y que la mano conduce a la vida de la escritura.

Los poemas sentidos, las novelas ejemplares, el teatro más locuaz y el ensayo más tranquilo responden a la vida de todos mediante la escritura de algunos. Entonces me diréis, y ¿cuándo se sabe que la vida de la escritura o la escritura misma nos tiene cogidos de la mano?

Eso no se sabe, comienza con el balbuceo; luego, como dije, le sigue el habla; más tarde, aparecen la música y las palabras en el lenguaje; luego, otra vez, llegan las historias que nos cuentan los textos que leemos; y finalmente, surge el pensamiento por todo lo que hacemos. No obstante, hay una cosa que no debes olvidar, pues en ese proceso, cuando la vida de la escritura te ha alcanzado con su misterio, es porque te ha elegido a ti, sin saber por qué ni cómo.

Algunos escritores dirán más tarde, que todo se debe a que quisieron escribir lo que leían. Otros, para dar rienda suelta a su pensamiento. Otros, para que les quieran un poco más. Habrá alguno más que afirme que era para salir de la soledad en la que estaba metido. Para obtener fama, para obtener dinero, para tener más poder...

Razonamientos todos ellos que están más allá de la vida de la escritura, que tiene a su vez, por lo que se ve, su propia vida. Una vida que le acerca a las palabras que se pronuncian y que se convierte en las que se escriben finalmente.

Y ¿qué es lo que se escribe que finalmente tenga mucha vida? Pues se escriben novelas donde los personajes descubren su identidad, poemas donde la realidad fluye en cada palabra, en cada poro de la escritura, ensayos que intentan describir y esclarecer la historia, y piezas de teatro que intentan dramatizar la existencia.

En otras palabras, todas esas piezas y esos escritos que hemos puesto como ejemplo, tienen vida porque los diálogos responden a lo que acontece en la calle, porque los sentimientos son los mismos que tenemos todos y porque las descripciones nos llevan de este mundo a otro imaginario.

Es la misma vida que puede ser real o imaginaria, descriptiva o soñada, que puede hablar del presente, caminar por el pasado y, por último, se adentra por igual en el futuro, pues la escritura no tiene límites y desecha cualquier barrera para dar rienda suelta a la imaginación osada, a la memoria objetiva y a los sentimientos diversos.

En esa vida surge no obstante un paisaje abierto de melodías e intereses diferentes. Y cada escritor, cada lector convertido en un escritor en ciernes, cada personaje, responde con su propia vida a las exigencias de la escritura que algunos convierten en un oficio y otros, en un simple pasatiempo.

Pero sea finalmente un verdadero oficio o sea un simple pasatiempo, se debe escribir de todo lo posible, incluso de lo que parece imposible en un primer momento, porque solo así se dará voz a lo que no se tiene y tendrá una presencia lo que parece que no existe pero existe, porque, aunque no se crea en lo que no se ve, sí que existe en el mundo de las palabras. La escritura nos lleva a las palabras y las palabras nos devuelven a nosotros: al recuerdo de todo o la presencia que nos retrata.

Y ¿qué es lo que retrata a la escritura? La escritura se retrata por lo que es, por lo que cuenta, por lo que dice, pero también por lo que no cuenta, por lo que guarda, por lo que no aparece, por su mismo secreto que se descubre muy de vez en cuando ante los lectores.

El secreto está, desde luego, en su vida. En cómo se entiende el oficio, en cómo se entiende esa necesidad de cruzar diferentes palabras y tejer un mundo nuevo. En el amor que profesamos por ellas y por sus frases, por sus historias que también pueden ser, creo que lo dije antes, tristes y demoledoras, porque la vida de la escritura parece una metáfora doble que comparte la vida de las palabras y la que vivimos, puesto que repite nuestro modo de actuar y de entender lo que sucede en esta tierra.

Y como las palabras, también la escritura puede ser un bálsamo o una fuente para los que estén heridos o tengan sed. Pero no solo eso, porque si nos fijamos alrededor, en la vida que tenemos, puede ser muchas más cosas.

¿Por qué entonces no podemos descubrir nuestra vida en la misma escritura cuando la escritura se descubre en ella? Algunos dicen que es porque se tiene miedo. Otros, porque no se atreven. Pero los escritores, después de haber pasado por estos y otros supuestos, os confesarán que se debe a esa necesidad de escribir mientras se piensa que es un juego hasta que, con tiempo, todo se va esclareciendo y parece un poco más serio.

Esa es la edad de la escritura. Para algunos muy joven y muy inocente, casi como si fuera la mirada de un niño ante lo que ve y le rodea, y para otros, demasiado exigente y perfeccionista para dejarlo, por ejemplo, en manos de un incauto.

Sin embargo, yo os diré que no es ni lo uno ni lo otro, porque la escritura no se pervierte mientras sepamos utilizar las palabras y sepamos escribir conociéndolas, llamándolas, exigiéndoles que recorran el viaje de nuestra ficción, de nuestra imaginación, de nuestro sentimiento, de nuestra mente o de nuestra memoria, muy cerquita de nosotros y de los demás, a quienes van dirigidas esas historias.

En todo caso, para que lleguen a buen puerto a unas palabras habrá que darles aire y a otras, agua. Pero entre las que escribimos debemos incluir ante todo el fuego para que brillen en la oscuridad, tengan la fuerza necesaria durante el día, y se hagan entender, tal como se oyen en esa escritura que se confunde con la misma vida.

Por eso mismo, los escritores confunden su vida con la escritura. Y los hay que no distinguen muy bien lo que escriben de lo que pasa ahí afuera. Pero esto que os cuento son trances momentáneos hasta que la vida de la escritura se va con el escritor a la cama y se duerme.

Al día siguiente, esa mujer o ese hombre, tendrá que hacer otras cosas, de esas que hacemos todos, obligados o no por las circunstancias, de esas que nos gustan a todos los seres humanos: en casa, con la familia, con los amigos y en el trabajo.

Solo cuando vuelva a la escritura se podrá mantener esa licencia de confundir a una y otra para que la vida pase y el lector se convenza de las similitudes entre lo que se escribe con lo que se vive.

Hay aquellos que creen más real lo que se cuenta, siendo un producto de la imaginación, que lo que sucede afuera. Es la magia de las palabras, su elixir, su propia trampa, como lo que les sucede a los que leen un poema que tanto les gusta y habla de un amor en las manos de un poeta que en ese momento anda sin pareja.

Pero también los hay que no confunden nada y que, cuando escriben viven en la escritura y cuando cierran el ordenador o acaban de escribir la última página en el cuaderno, vuelven a sus quehaceres, sin más, y se sienten satisfechos por haber creado un universo desde la nada o por haber mostrado un sentimiento como el amor, la soledad, la paz o el odio, de un modo nuevo, con las palabras que se les ha ocurrido en ese momento.

La vida de la escritura ocurre así, sin que a nadie le moleste, porque en el fondo no tiene un fin ni una recompensa inmediata, más que la que sienten los lectores y los propios escritores por haber mostrado la maravillosa vida de las palabras que, como plantas, crecen en un jardín inmenso que es la literatura: un universo que es la vida de todos.

La escritura crece en todos los lugares, en lugares inhóspitos donde no hay nada, así como en ciudades que lo tienen todo. Crece en hospitales y en cárceles. En el autobús o cuando se viaja por el desierto.

Crece en las escuelas y en las paredes de los barrios más alejados. Lo hace en los diálogos entre padres e hijos, en las conversaciones entre amigos, en las confesiones de amor de los enamorados, en las declaraciones políticas de los que quieren cambiar el mundo.

No hay nadie que se libre de su embrujo. Una vez que te toca estás predestinado a escribir, aunque sea, un pedazo de tu historia, un trocito de lo que pasa alrededor, una confesión íntima de lo que siente tu corazón o un pensamiento que te ronda.

Una vez que la escritura te ronda, tu vida se ve distinta. Eres el mismo de siempre pero en algunos momentos eres diferente, pues te sientes renovado con lo que se te ofrece.

Te sientes un creador desde la nada con las palabras que tienes a mano. Te sientes un pequeño Dios, libre, que es capaz de crear ciudades y plazas, mares y navíos, nombres y corazones que se van enredando con sus sentimientos a flor de piel mientras no sales de tu asombro.

Al lector, con esa vida que se descubre entre las palabras le pasa otro tanto, pero el escritor va mucho más allá y es capaz de hacer un jardín inmenso donde no había más que piedras, levantar en un cauce seco un río muy largo, cruzar un mar por debajo para llegar a un continente alejado, llegar a la luna sin escafandra y sin oxígeno, solo con el alimento de las palabras que tiene a su lado y lleva consigo.

Y ya se sabe que lo que se lleva y se ofrece, lo que se da, luego viene multiplicado por mil, con más fuerza, incluso en una vida imaginaria donde la escritura gobierna los sentidos, los ordena, los aclara y sirve en bandeja a los demás para que el mundo se retrate con sus palabras en medio de tantas explicaciones.

Pero al mundo de la escritura, tal como os dije, no le gusta explicarse mucho. Te toca, te elige y te hace invencible, aunque seas el más pobre del mundo.

Te halaga, te rodea y ya te puedes dar por avisado hasta que caiga la vanidad a tus pies de la misma manera que ha de caer la venda de los ojos del mundo, cuando sabe que lo que se escribe –aun siendo verdad o pudiendo ser mentira– puede convertirse en un retrato eficaz de lo que pasa alrededor.

Se te insinúa, te hace creer que puedes contar una historia y ahí que te abalanzas a un escenario inmenso, muy grande, donde no puedes sentir ese miedo escénico porque las palabras te acompañan como si fueras esta vez el elegido.

Se te mete en la cabeza y te dice que puedes escribir de lo que no sabes y entonces te das cuenta del valor de lo que sabes y de la fuerza que tiene la osadía de creer en lo que haces al descubrir mundos nuevos.

Te dice que ahí afuera hay un mundo por descubrir y que te lances de cabeza. El mundo de la escritura tiene mucha cabeza y mucha imaginación, pero ningún control ni ningún señuelo falso para esclarecer con una palabra mágica lo que sucede o lo que explica ese mundo.

No podría ser de otra manera. De tantas palabras como existen en el mundo, de tantas frases posibles que se pueden tejer en un minuto, ¿quién se atreve a elegir una, solo una, que explique a la perfección el mundo de la escritura cuando lo único que puede pasar de verdad es que él se fije en ti?

Que la escritura te elija a ti para que tú, luego, te puedas descubrir entre sus brazos con un poder y una imaginación ilimitadas en un mundo sin fronteras. Por qué no escribes entonces? ¿Por qué no te adentras en su mundo? La escritura no es un oficio como tal, aunque se convierta para algunos en parte de su trabajo, sino una decisión, una posibilidad, una necesidad, una exploración, un acercarse a uno mismo con las palabras que están ahí para cogerlas y utilizarlas en su justa medida.

Desechar esta mágica posibilidad, desechar este enigma, podría ser un error, pero, ante todo, es una oportunidad perdida, incluso para los que todavía no saben escribir o para aquellos otros que no lo hacen tan bien como creen y que no han llegado a esa edad donde creemos saber mucho –aunque podríamos confesar que no sabemos tanto–.

Y, sin embargo, más allá del conocimiento, a menudo la vida nos concede una nueva oportunidad para ser más felices, más osados, más temerarios o sencillamente para estar bien donde estamos y escribir con sencillez lo que más tarde ofreceremos a los lectores, porque como bien sabe la escritura, lo que comienza con las palabras que se dicen un día y se escriben más tarde, no tiene un único propietario, como tampoco tiene un final ni una medida igual para todos.

Para unos podría ser la vida y para otros la escritura que nombra lo que es de todos y no es de nadie. El origen es el habla y el final, sin un fin a todas luces posible, podría estar en esos ojos que posan su mirada en lo que se escribe un día, sin más, tal como se pensó en esas historias o en esos otros sentimientos que, por auténticos, no se pueden cambiar por nada y sin embargo se pueden transformar en todo, mientras aparecen las palabras, unas detrás de otras, luego las frases y, finalmente, los párrafos que nos llevan a observarnos en un espejo que es la proyección de la misma vida. En otras palabras: ser uno mismo con las palabras que se dicen y se escriben.

Ser fiel a uno mismo para tener vida. Ser auténtico con lo que se siente y se piensa, con lo que se hace, a ser posible, con lo que nos dejan, mientras alrededor los amigos y los conocidos intentan hacer otro tanto con sus vidas.

No se trata de tener una biografía especial, ni de ser mejores que el de al lado, ni de competir hasta el fin de nuestros días con un adversario, de competir por competir, sino de ser uno a todas horas, o al menos ser uno mismo con todas las cosas buenas que tenemos y con esas otras que no nos gustan tanto.

Ser uno es asumir los cambios y las contradicciones, ser leales a nuestra forma de caminar por el mundo, a nuestra manera de mirar la realidad y de analizarla con nuestros ojos y con nuestra sentida opinión.

Pero la opinión necesita de una base sólida que nos reconozca con calma y opinar no es acusar con el dedo y emitir juicios o críticas que, en el fondo, nos retratan también a nosotros cuando dejamos de ser fieles a nuestro respeto por todos y por nosotros mismos.

Se ha de ser leal a la opinión de unos y otros, como ser fiel a la nuestra que va, con tiempo, acompañada del pensamiento que nos hace crecer ante la familia y los amigos. Ser leal con la amistad, ser serios en el trabajo, divertidos en la fiesta, sinceros en el arrepentimiento, verdaderos en las confesiones, auténticos en lo que hacemos.

Y para serlo qué mejor que las palabras que utilizamos en su justa medida, eso que escribimos sobre la página en blanco, que es como si fuera nuestro corazón, lo que de verdad sentimos. Como si fuera la mirada que nos sirve para que contemos lo que nos pasa ahí afuera, en el mundo.

Si las palabras nos sirven para este cometido y son auténticas, de la misma manera que se presenta la opinión ante el pensamiento, la escritura también debe ser auténtica. Al menos, en la voz que tengamos. Al menos, en la voz que utilicemos. Al menos, en cómo escribimos.

No es extraño entonces que hablemos de la voz. Mas lo que se dice "la voz" se entiende perfectamente si nos referimos al habla, al lenguaje. No obstante, referido a la escritura podríamos decir que es el estilo de cada uno, su temple, su modulación, la forma que tiene de expresar la edad del escritor, su personalidad.

Y ya se sabe que en la personalidad uno debe ser auténtico en su totalidad, incluso cuando se asumen los errores y las contradicciones posibles. Ser auténtico, tal como están las cosas, no es sencillo, pero se debería intentar.

No es fácil desde luego y sin embargo, es necesario perseguir ese anhelo. Ser auténtico con uno mismo y ante los demás de la misma manera que los demás deben serlo. Si no fuera así prevalecería una extraña moral, falsa, encubierta, tocada por la mentira o por la distorsión de la verdad.

Y la verdad prevalece en la misma realidad de la escritura mientras la autenticidad en la escritura se remite a ser uno con la totalidad. A ser igual al resto con las posibilidades que deparan las palabras y el mismo lenguaje ante la página en blanco. A ser diferente, por necesidad, porque se tiene una voz propia, un peso distinto, una manera de ver y observar el mundo con singularidad.

Ese mirar diferente, ese explicar distinto es lo que nos une a los demás cuando los lectores asumen la verdad del escritor con sus mentiras aparentes. Pero no todos son iguales ni los lectores ni los escritores y en la escritura, como en botica, hay de todo.

Hay escritores clónicos, otros que copian el estilo de algunos que creen mejores, los hay secundarios que siguen los pasos de sus maestros. Los hay tímidos, los hay osados, los hay gesticulantes, los hay voceras, los hay pedantes, equilibrados, serenos, hombres y mujeres, guapos y feos.

No obstante, siendo loables todas las opciones, es preferible ser uno con todo y con uno mismo para desarrollar lo que todos tenemos dentro. Una mujer, un hombre, un joven, un individuo maduro, una dama.

Quizá en una primera fase, en una primera exploración, el escritor joven dé sus pasos detrás de unos modelos de escritura. Pero, a la larga, se deberá librar de ese peso y comenzar a volar solo. Es la metáfora de la vida que se debe aplicar a la metáfora de la escritura.

En la escritura uno debe ser joven, salir de casa, vivir en otro lugar, tocar el suelo de nuevas ciudades, conocer gente, amar de un modo natural y libre, casarse si se desea, divorciarse si es necesario, volverse a casar si es posible, tener hijos con tiempo, educar a los hijos con paciencia, educar a los nietos que vendrán más tarde con desenfado y recordar mil batallas hasta llegar al final de la escritura.

"El final..." son esas palabras que comienzan a menudo y que tantas veces nos disgustan porque no sabemos cómo terminan y porque es evidente que puede ser parte de esa sentencia que le llega a uno cuando deja de respirar sobre el mundo y sus manos dejan de moverse sobre la página en blanco.

Pero antes de llegar a su inequívoco final, toda persona debe ser uno consigo mismo, debe intentar ser sincero, auténtico, pese al rechazo mayoritario o la soledad absoluta que le dispensa la vida por momentos o la escritura cuando está absorto en su oficio.

Es la ley y el precio de la escritura que lo da todo para dentro y, en un principio, nada para fuera. Sabiéndolo, sobre todo cuando se acerca el final, cuando el camino es aún incierto, el reconocimiento primero, el más válido y el que se debe mantener hasta el último día de una vida, es el de uno ante su propio espejo.

El reconocimiento a las palabras utilizadas, a las que se escaparon un día y se dejaron, por lo que sea, de utilizar. A las historias escritas, a las olvidadas, a los buenos libros junto con otros que no lo fueron tanto.

El reconocimiento de todas las situaciones reales que, por posibles, se convierten en una imposibilidad al querer definir con una frase o una palabra, la justa, la única, esa necesidad de ser uno mismo a todas horas en la vida y en la escritura.

En la vida, los hombres y las mujeres pasan por diferentes fases y épocas que la mayoría puede reconocer si se pone a pensar y a explicarse un rato ante los demás. Ante los amigos, ante un amor, ante la familia o ante la clase que lo mira absorto mientras cuenta su presente o su pasado.

Con equilibrio en la vida de la escritura están las frases de las palabras dichas y las utilizadas e impresas. La vida en las historias escritas y las leídas por los demás. Pero la autentica razón de todo es la fidelidad con uno mismo mientras las palabras parecen que juegan con los otros.

Llegado el momento y si eres capaz de domesticarlas quizá a tu antojo o al menos, de ordenarlas o de dirigirlas con un sentido propio, su vida, su coraje y su respiración dependen de esa fidelidad a nuestro pensamiento, a nuestras palabras, a nuestra escritura.

¿Qué quiero decir con esto? Que no puedes ser otro más que tú mismo. Que pese a lo que te digan, pese a lo que te digan que es mejor para ti, por ejemplo, pese a lo que te digan que escribas, debes hacerlo como te sale del corazón. La experiencia te ha llevado a una voz que, con tiempo y en diferentes fases, debe ser exprimida al máximo como debe ser controlada por momentos.

Si no eres el que eres por dentro, aun siendo tú casi las veinticuatro horas del día, es normal que la vida de la escritura tenga también sus luces y sus sombras, sus matices mientras observa tus estados de ánimo y tus despertares en medio de un equilibrio vital que presenta tu personalidad en la vida.

Si asumimos por tanto esos vaivenes del cuerpo y las emociones, podríamos asumir por igual esos vaivenes del cuerpo de la escritura que nos hacen caer en diferentes registros, hasta que, por arte de magia, completen un retrato total y compacto de lo que somos cuando los demás quieren saber de nosotros por lo que escribimos o decimos.

En ese cuerpo de la escritura uno debe ser auténtico como lo es cuando se desnuda delante del espejo y se observa con todos los últimos cambios evidentes.

Ser uno mismo conlleva asumir el paso del tiempo, las arrugas, la voz que cambia. Es asumir el riesgo de que no nos entiendan cuando seguimos a una voz interior que nos dice que cambiemos. Es sentir la soledad a todas horas cuando experimentamos la necesidad de escribir esos poemas aun con cincuenta años.

Es recordar lo que escribimos y no avergonzarnos, tal como no deberíamos renegar de lo que hicimos con quince años porque esos fueron los grandes días de nuestras emociones, los grandes días que necesitábamos para ser lo que hoy somos y poder constatar en lo que nos hemos convertido.

Sin los poemas de la servilleta, yo no hubiera llegado a ser el escritor que soy. Y aun siendo verdad que eran poemas ridículos, he de confesar que son los que más quiero porque me llevan a la época más feliz de mi vida, a la de mis amigos de siempre, a los de mi juventud, a los momentos más felices de una patria que no quiero recuperar de nuevo, porque es parte del pasado, pero que es la que marca el origen de mi vida, de mi mirada, de mi voz y de mi escritura ahora, en el presente.

Así es y así de tajante me muestro: no cambiaría nada por los poemas de la servilleta. Si me dijeran que eran malos, podría decir que solo un poco. Si me dijeran que no son como los que ahora escribo, diría, para no reírme mucho, que solo un poco.

Si me dijeran lo que fuese, confesaría que todavía me acuerdo muy bien de aquello, porque son como ese primer beso, ese primer amor que no se debe cambiar por nada del mundo y porque en esos primeros besos estaba lo que hoy soy, y eso, eso jamás se olvida.

Ser fiel es llevar a ese joven dentro, ver a ese niño que fuimos, recordar esas primeras palabras como las más sentidas o bellas y comprender, con el sentido de la existencia que todos tenemos, que hoy somos todo lo que hemos vivido en el pasado y que viviremos de otra manera en el futuro.

En el presente está la autenticidad del momento. Está el tiempo de la escritura, el de las palabras que vendrán e irán hacia el futuro. Está la vida más auténtica que nos toca vivir mientras respiramos en la escritura.

Ser uno con lo más libre que se tiene, como el habla, las palabras, los sentimientos y los sentidos que nos llevan a explicarnos ante la escritura, también en libertad.

Ser libre y respetar al prójimo. Respetar sus silencios, respetar sus palabras, respetar su escritura, las historias que nos cuenta. Ser uno es ante todo identificarse con lo que se hace y con lo que no se quiere hacer, estar contento y estar a gusto con las elecciones y asumir sus consecuencias.

Sentirse libre y ser uno para fijarse, muy de vez en cuando, en los logros y asumir los fracasos mientras seguimos caminando e intentando abrirnos de nuevo paso.

Y la escritura, que se abre paso en nuestro cuerpo, entre nuestros sentidos y nuestros sentimientos, tiene por esa misma existencia una autenticidad ejemplar. La escritura es fiel a su realidad, ella también sabe ser sincera consigo misma.

Solo en ese mundo de tanta magia el lector puede llegar a confundirse, pero el escritor debe asumir sus riesgos y sus engaños, sus trampas y sus verdades, tal como la escritura asume los errores y cambios de las personas y también de los personajes que hablan ante los demás, sienten y padecen ante todos nosotros.

Y la verdad de la escritura, tanto de las personas como de los personajes, es la elección que uno hace de su voz y de su estilo, por su manera de estar y de situarse en el mundo. Por su manera de enfocar su vida, de desarrollar el arte de la escritura. Por su manera de posicionarse, de decir cosas que se sienten como: "escribo desde aquí y por ahora al menos" o "desde aquí no me muevo pese a mí y las circunstancias...". Ser auténtico desde donde se escribe. Y si uno tiene que saber desde dónde escribe debe también saber cómo lo hace sin esperar nada a cambio.

Casi como el amor por los hijos, casi como el amor que lo da todo sin esperar nada del otro, pues a menudo ser uno es quedarse solo ante el silencio sin esperar nada a cambio. Pensar en el éxito no tiene sentido como no tiene sentido huir del ruido en medio del camino.

La vida de la escritura es dura en todos los sentidos. Una vez que se cierra el libro y se apaga la magia, una vez que se escribe el último poema y se apaga la luz, una vez que llega el silencio y se espera al sueño, se queda uno desnudo ante lo que escribió y podrían leer otros.

Ese es el camino que sigue a la escritura y si os parece que ser uno mismo no es desde luego difícil e intenso, sino tan solo una necesidad que nace con las palabras que pronunciamos y que desechamos al pretender decir la verdad, por más que nos duela, bastaría recordar que a menudo no se dice la verdad.

"¿Por qué?", se me podría preguntar. Por diferentes intereses, porque estamos en una sociedad materialista, porque es la única manera de defendernos y de no estar desprotegidos..., podrían ser algunas de las respuestas.

Pero la escritura no tiene más intereses que descubrir un mundo mejor y defendernos de la dureza de la vida y protegernos tal como lo hacen las palabras que se eligen bien para utilizarlas en su justo provecho.

Es así la verdad de la escritura en la verdad de la vida, como una caja encerrada en otra donde finalmente, en la más pequeña, la última, esa que está junto a la memoria, aparece la caja que somos nosotros con un número, uno muy pequeño, pero que es el primero: uno.

Ser uno con los demás, como ser uno dentro del cuerpo con lo que sentimos, y fuera de él con lo que mostramos, como ser una caja junto con las otras cajas mientras no debemos confundir este número, pues en el futuro podría convertirse en uno muy grande: el primero en una carrera de locos que no conduce a ningún lugar más que a la derrota.

La victoria, de haberla, está en la autenticidad de uno mientras avanza en el camino. Pero, llegado el caso, recuerda que primero estaba el silencio; luego, el habla; más tarde, la escritura; y en medio, siempre en medio, la persona.

En otras palabras: nosotros con nosotros mismos y ellos, los demás, con el eco de su singularidad frente al mundo que observa cómo intentamos ser fieles en la escritura cuando lo somos también con las palabras que pronunciamos y con aquellas otras que de vez en cuando utilizamos con un doble fondo para ocultar la verdad o no hacer daño.

Ser uno no es para hacer daño o causar dolor, aunque lo hagamos, sino para ser más inteligentes y más felices mientras perseguimos reconocernos cada día en aquella cara de crío o de adolescente que aún tenemos o en aquellos poemas de la servilleta que hoy en día tanta gente arroja al suelo.

El amor, por lo que se dice, por muy duro que sea, como el amor por uno mismo, es lo que nos lleva al amor por los demás y por el mundo en medio de un silencio que recupera la voz para caer en el ruido esclarecedor, el más bello y el más auténtico de la escritura.

Dejar de escribir es abandonar la posibilidad de conocer el mundo y de conocerse a sí mismo. Dejar a un lado la mágica posibilidad de acortar el camino para ser uno.

EL AMOR POR LO QUE SE DICE

Desde aquellos poemas de la servilleta que tantos buenos recuerdos me traen, en todo lo que he escrito han prevalecido dos amores en principio: uno, el amor por las palabras, y otro, el amor por lo que dicen; y este sentimiento ha prevalecido en todos los sentidos, incluso en momentos muy duros de mi vida.

Pero hay otros amores que también son públicos y a estos hay que tratarlos con respeto y admiración, como son el amor por los lectores y la gente en general, así como el amor por el paisaje o por el mundo.

El amor por el mar, por ejemplo, por la playa o el monte, por los días de lluvia que tanto me gustan, o por los de calor que me liberan de un golpe del frío del invierno, son también compartidos con mis lectores.

El amor por los niños y los mayores, por mis padres y mis hermanos, así como por los amigos con los que empecé a escribir esos poemas de la servilleta que también me llevaron a reflexionar sobre el amor de Dios y las creencias de la gente.

El amor es lo que mueve el mundo y, definitivamente, lo es aunque ahora esté de moda afirmar que lo que mueve el mundo es el dinero, por ejemplo. Es verdad que las guerras son un desastre, no solo para la gente de ese país que las sufre, sino para la misma humanidad, y que tienen mayor repercusión que la paz sosegada y equilibrada que se refleja en el paso de los días de la mayoría de la gente.

Pero, pese a los dramas en los que está inmerso el mundo, la verdadera paz la da el amor. La posible felicidad la da el amor por los seres queridos y las personas. Por los animales de la tierra, por la misma tierra, por el mismo cielo, sean unas las creencias de la gente sobre la naturaleza humana u otras las ideas que las personas tengan sobre la divina.

Pero, como dije al principio, en mi vida como escritor y desde el tiempo aquel remoto de los poemas de la servilleta, prevalecen dos amores: el amor por las palabras elegidas y el amor por lo que dicen.

En los peores momentos de mi vida, cuando no he tenido ese amor que buscaba, o cuando he fracasado en los proyectos profesionales o cuando, sí, también, me he arruinado y no he tenido un duro ni para comer o sentirme tranquilo, he sentido a menudo ese amor por las palabras que justo en ese momento podrían salir de mi boca, que es lo mismo que decir que podrían escribirse.

En esos momentos tristes, en esos momentos de dolor, las palabras me han apoyado y me han reconfortado, me han abrazado y me han dicho cosas cómo: "no es nada", "vendrán tiempos mejores", "no llores", "anda, dame un abrazo" o "estate tranquilo, que ya verás cómo todo mejora en poco tiempo".

Esas palabras que luego yo mismo he escrito para mí y para otros son y han sido un bálsamo, una cura y pese al dolor, pese a sentir la dureza de la vida por momentos, han venido a mí para que yo pudiera recurrir a ellas.

Así también el amor por lo que dicen, pues dicen más de lo que pensamos que dicen al estar acostumbrados a que se pronuncien sin reparar en su significado. Dicen más de lo que parece en un principio, pues dicen cómo somos y nos retratan al pronunciarlas. Dicen cómo nos ven y cómo son los demás porque entre todos formamos el mundo en el que vivimos.

El mundo de antes y el de ahora. El mundo del amor con esos poemas de la servilleta que eran las primeras declaraciones de amor de unos chicos a unas chicas, o el mundo del amor compartido de la amistad cuando se pensaba que se estaba hablando de cosas inimaginables y en realidad se estaba retratando el mundo con los sentidos a flor de piel y los sentimientos que se iban aclarando en el camino.

Las palabras, con su amor por los hombres y las mujeres que las pronuncian, dicen de nosotros lo que muchas veces no confesamos siquiera a los amigos. Esas cosas que son personales, los sueños, esos nuestros anhelos y sin embargo, cuando se confiesa alguno de esos secretos, aunque sea en voz baja, las palabras cobran vida y amplían su significado en letras y frases que llegan a la gente, en versos que se escriben en una servilleta, solo porque el poeta coge algo de todos y lo convierte en lo que escribe, porque el escritor pilla de todos los deseos parte de los suyos y los convierte en esa novela que es la vida de unos cuantos en el pasado.

Pero en el presente también están pasando cosas. Y así sucede que lo que pensamos y luego decimos se traslada a la escritura por unas manos veloces que recogen lo que se dice sin esperar nada a cambio.

No se espera mucho, es la verdad. Tan solo el amor de los lectores o de las personas que nos quieren como el amor de los desconocidos que viven y sufren con esos poemas o esas historias de la misma manera, con la misma intensidad, que el escritor las vivió en sus corazones.

El corazón de las palabras es amplio, tan amplio como un eco que parece distorsionado, pero que siempre vuelve a su origen. Por eso, algunas veces, también estas se dicen con daño, como pronunciadas con un cuchillo en la mano, pero otras, la mayoría, porque es necesario y porque normalmente pueden ir de una esquina a otra, se dicen con un abrazo o un gesto tierno.

Yo también me enfadé con el mundo, yo también me separé de mis padres, yo también me alejé de mis hermanos con palabras duras que mostraban mi rebeldía y mi grito, pero, en las palabras que se escriben y en las que se dicen, prevalece el amor por todos, tal como se distingue un amor puro, que se desprende de los sentimientos de la gente y los mismos sentidos que adquieren esas palabras cuando comienzan a jugar en las manos del escritor.

Incluso en las manos de la misma gente que las pronuncia sin darse cuenta de cómo las dice y sin importarles cómo surgen entre los labios, porque estaban ahí, antes que nosotros, para que nosotros las cogiéramos, las cosecháramos y las plantáramos en el huerto de nuestro pensamiento con el fin de que brotaran algún día.

Ese amor, distorsionado o real, es lo que prevalece también en nuestras vidas. Cuando éramos niños nos sorprendían con su significado y como un juego se iban abriendo a la vida, con cada frase que fuéramos capaces de pronunciar, con cada conversación, nos hacían crecer con ellas ante el asombro de nuestros padres.

De jóvenes todavía jugábamos con ellas mientras nos atrapaban por su misterio. Decíamos algo y nuestros amigos nos llevaban la contraria. Decíamos otra cosa y la risa era compartida por todos al no discernir quién había dicho una cosa y quién otra.

Luego, con la edad de los primeros amores, los poemas de la servilleta tuvieron su eco en canciones que se escribían, en sueños que cada uno imaginaba para saber qué íbamos a ser y en qué nos íbamos a convertir en el futuro.

Y más tarde, los poemas de la servilleta inspiraron el retrato de cada uno. De uno consigo mismo y con la gente. Ya lo dije, a veces, con mucho tacto, otras veces, con dolor, como una metáfora de la misma vida que nos recuerda que así como todo es maravilloso, nada es tan fácil como se cree en un principio.

Pero en la dificultad prevalece el asombro porque en los poemas de la servilleta, en esos que se escriben sin más, está el verso que se espera, casi como aquellos otros que se dejaban en la mesa, se olvidaban, caían al suelo y se barrían con la escoba. Quedaba lo demás, siempre el resto: los recuerdos y conversaciones de todos aquellos amigos y conocidos que nos acompañaron en el viaje.

Y de restos está hecha la vida y de fragmentos también. De fragmentos invisibles que nos recuerdan cómo éramos y cómo somos ahora, en un mundo que parece que es otro, pero que no cambia en el fondo tanto.

Cambia en las formas, en el envoltorio, pero el amor es el mismo y el dolor también prevalece a un costado mientras la vida de cada uno aporta para construir la historia de todos.

Si antaño eran los poemas de la servilleta, hoy podrían ser las canciones con una guitarra, el rap con los colegas, el baile con las amigas, los escritos en la pantalla del ordenador, los momentos filmados o las conversaciones y confesiones en las redes sociales.

Porque de redes también invisibles está hecho ese amor que parece que, a primera vista, no nos llama la atención, pero que, sin previo aviso, nos cautiva mientras pensamos que el mundo cambia con nosotros, pero somos nosotros los que cambiamos a menudo el mundo.

El respeto por las palabras tiene así un eco propio, un sentido. Se debe respetar su significado y al pronunciarlas debemos recrearnos con su belleza, con lo que dicen, en cómo se dice, con lo que nos aporta y señala, con lo que nos conmueve y provoca, con lo que nos aturde y sofoca, con lo que nos avergüenza y cuenta con sumo cuidado en lo que nos hemos convertido.

¿Recordáis los sueños de juventud? ¿Alguno se atrevería a confesarlos sin miedo al sonrojo? Pues de esos sueños se forjan las palabras cuando, a veces, nos ponemos serios y nos hacemos los duros ante ellas y los demás.

A veces sacamos los cuchillos y las navajas cuando en realidad estamos deseando sacar de nuestros bolsillos las llaves que nos lleven a casa, un poco de dinero para gastar, unos breves poemas enrollados en unas servilletas arrugadas donde declaramos lo que somos y cómo vemos el mundo mientras ese amigo se sorprende de que lo hayamos escrito nosotros.

Y lo que escribimos parte de una sorpresa, de un sonrojo, de un amor por las palabras porque no pensábamos que fuera así, hasta que supimos que ellas también nos eligen para salir de las páginas cerradas de un invisible diccionario, con el fin de que las presentemos a los demás mientras ellas mismas, invisibles también en su raíz, puedan observar las caras y los rostros de aquellos que las pronuncian o los cuerpos bonitos de los que caminan con ellas los días de lluvia o de sol, en medio de un paisaje que se explica con las que pronunciamos.

¿Sabéis que hay palabras para todo y que muchas de ellas parecen que no tienen tiempo para explicarse? Eso también nos pasa a nosotros. A veces, creemos que lo sabemos todo y pensamos que no tenemos tiempo para nada. Y otras, creemos que no somos nada porque se nos ha olvidado todo. A las palabras les pasa otro tanto.

Si no tienen amor parecen secas y si no sienten la autenticidad del que las pronuncia parecen resecas en una oscuridad compartida de donde no quieren salir si al fondo no observan una luz que las sorprenda o las llame.

Pero con amor todas quieren salir alborozadas a saber cómo es la vida un día más, una hora más, un minuto más, un segundo más, porque de este modo reviven y se rejuvenecen, se dulcifican y nos dan todo su ser, lo mejor de ellas, su brillo, su consuelo, su bálsamo, su don y su presagio.

Eso que comenzó un día a compartirse con los amigos y que ahora, pasado el tiempo y milagros de la vida, se han convertido en nuevos lectores. Eso que comenzó en unos poemas de la servilleta que se escribían aparte, en una esquina del bar, mientras los demás bailaban y yo escribía algunas cosas sin mucho sentido, y pudiera pensar que eran aburridos o muy malos.

Y sin embargo, hoy me doy cuenta de que no era así, de que fue de otra manera, mágica, sin saber aún y sin poder adivinar en qué se convertiría todo aquello, porque aunque sintamos que estamos confundidos, las palabras bailan con nosotros y nos agarran de la mano para que les enseñemos nuevos pasos.

Como sabréis, en la época de nuestros abuelos, en las plazas de los pueblos y las ciudades se bailaba cogidos de la mano o abrazados, pero manteniendo cierta distancia. Quizá ahora se haga de otra manera, con un estilo más libre, pero sea de un modo u otro, las palabras que no se dicen en un momento son las que saldrán más tarde cuando se escuche definitivamente la música.

Porque el amor de las palabras no se acaba en la despedida ni en la noche. Se las lleva uno a la cama, a una cama en la que se comparte todo: el cuerpo, los sueños, la música del día, el ruido de la noche, el silencio.

Os diré algo más. Si hay silencio y se duerme, solo se comparte el sueño. Si hay alguien a tu lado, por el contrario, se sigue charlando de todas esas cuestiones que no se pudieron decir en el día porque quizá había mucho ruido o delante había más gente. En la intimidad cada uno se confiesa, en una conversación personal, cargada de amor, que podríamos decir que es profunda, que es divina.

Algo parecido a cuando se lee la biblia de noche, se reza o se lee sin más, un libro de relatos, algún cuento, donde los personajes viven nuestra vida, o un libro de poemas donde sentimos que lo que se dice nos identifica. Casi como esos poemas de la servilleta que sirvieron para enamorar, para amar sencilla y mágicamente y que, por ser la primera vez, no se olvida.

Casi como esos poemas que gritaban al mundo porque todo parecía estar mal y, en el fondo, aunque no lo sabíamos entonces, era lo mejor que nos podía pasar para que fuéramos nosotros los que diéramos forma a ese mundo con las palabras que escribíamos y con las que pronunciábamos.

Con las palabras que decimos, con amor o con odio, pero en todo caso y siempre, con las ventanas abiertas del respeto para que respiren libres y vuelen con mucha luz, de nuestro corazón al pensamiento y de nuestros cuerpos al de tantos que se entregan a ellas sin saberlo.

Esa es la ley divina, entregarse a los demás y darse a los otros tanto como dar forma a una idea que nos ronda por la cabeza o a un proyecto que nos llama poderosamente la atención. Y así son las palabras que se entregan a los demás, a los hombres y las mujeres, a los ancianos, a los niños, sin esperar nada a cambio: hermosas, misteriosas, íntimas.

Las palabras que se dan unas a otras para que en ese misterio, tal como se ofrecen, de un modo invisible, formen las frases y los pensamientos que nos rondan en la cabeza y expliquen la vida que se descubre ante nuestros ojos mientras respiramos en silencio a la espera de compartir su conversación privada.

Esa conversación que empezó con unos vulgares poemas que se escriben en una servilleta y acaban, por lo general, en una confesión nocturna que se escucha

cuando dos personas se agarran de la mano bajo las
sábanas antes de caer en un profundo sueño.

El sueño de la vida se junta con el sueño de las
palabras, tal como el amor con la vida, por lo que decimos con ellas y lo que sentimos al despertarlas al
siguiente día. Y cuando todo parece detenido, otra vez
todo se abre: una vez más con el sonido de la lluvia o
el canto de los pájaros que nos dan la bienvenida porque
también ellos esperan a que las palabras se despierten
para dar color al mundo y dar vida a la misma vida.

Sin un lector al lado, sin un lector que lea el poema escrito por un autor, el mejor poema no tiene vida. Sin un lector que sostenga un libro, lo abra y lo lea, el mejor libro, el libro más enigmático, el más hondo, no existiría.

En nuestras manos tendríamos el libro como un objeto más, pero sin unos ojos que descifren lo escrito y sin una mente que descubra con su entendimiento lo que se ha pensado, sin una cabeza pensante que lea, el contenido de ese libro, su interior quedaría sepultado, cerrado, sin descubrirse.

Esa es la única verdad, la primera de todas o la última, quizá la más importante, de un proceso que nace en el autor y acaba en el lector, que pasa por un mercado, por un espacio donde parece que lo importante es la vida que le acontece al autor, así como a los protagonistas del libro.

Pese a su importancia nos olvidamos de que el lector es tan imprescindible como el autor. Sin el autor no habría libro, no habría obra. Así es, pero sin el lector, el autor solo sería un nombre en una tapa, en una cubierta más, en una solapa donde se destaca su figura. No sería más que ese escritor con una obra sin abrirse, sin descubrirse, a la espera de unos ojos diferentes a los suyos, que aguarda una mirada ajena.

Esta cuestión que se olvida a menudo ha generado muchos malentendidos. Pero en mi caso, desde el principio, el lector era ese señor o esa señora conocidos en los inicios de mi andadura como escritor, tal como ese señor o esa señora desconocidos más tarde, que se acercaban a leer los poemas de la servilleta que también a ellos, o eso creía yo, les servía para retratar el mundo y descubrirse en ese camino del conocimiento o en ese viaje de la experiencia que es la literatura o el arte.

Ha habido lectores de muchos tiempos y maneras, como los hay distintos y de diferentes géneros. Personalmente me gustan los lectores que gozan como tales, especialmente esos que confiesan que les gustaba escribir y que lo dejaron todo para leer a otros que escriben con más fortuna.

En otras palabras, los lectores que conocen los entresijos de las letras, pero que se decantan por la lectura en todos los sentidos porque consideran que hay otros que escriben mejor que ellos y porque prefieren gozar y fijarse en el trabajo realizado por auténticos genios de la escritura.

A mí, por ejemplo, me gustaría terminar mi vida y pasar mis últimos años leyendo, sin pensar en nada más que en lo que me muestran esos libros elegidos, mientras me dejo llevar por su nostalgia o por su pena, por las mismas aventuras o por esos mundos desconocidos que los escritores han creado con las palabras que nos pertenecen y entendemos todos.

Hay lectores de novela y dentro de ella hay lectores de novela histórica o moderna, de novela negra o de suspense. Los hay de novelas de amor e, incluso, de terror. Como se ve, muchos y muy diferentes en sus gustos, así como en los géneros que conviven con naturalidad entre ellos.

También dentro de la poesía hay lectores a los que les gusta la poesía romántica cuando a otros es evidente que les gusta introducirse por otros derroteros como la poesía más realista o la misma poesía reivindicativa o social. También, cómo no, hay lectores más osados a los que les gusta mezclar las distintas vanguardias artísticas y centrarse, por ejemplo, solo en la poesía visual.

Otro tanto sucede con el ensayo. Los hay quienes prefieren el ensayo moderno. Otros se decantan por los estudios históricos o por los sociológicos. Hay quien lee libros de psicología y quienes se adentran en las biografías de unos y otros. A muchos más de lo que la gente cree, les interesan los libros de filosofía y de arte.

También hay bastantes lectores a los que les gustan los libros técnicos y otros más que por su trabajo son capaces de aficionarse a leer libros sobre negocios, economía, informática, política y sociedad.

Y sin embargo, destacan quienes prefieren evadirse sin más e irse al otro extremo de sus oficios y leer libros de deportes y de ocio, de juegos variados, como los hay quienes se decantan por libros de milagros, de esoterismo, de religión y de autoayuda.

Hay muchos lectores de libros de viajes o de animales.
Y muchos más sobre los diferentes oficios y actividades
del hombre porque, como se ve, el lector es ante todo
un individuo, un ser humano que reconoce su propia
historia mientras se adentra en la historia real o imaginaria, con libertad y buen gusto.

El lector es esa persona anónima que se interna en las
páginas de ese libro escrito por un autor mientras
responde con sus observaciones al gusto del momento
mediante su intuición y gracias a la costumbre o a la
necesidad, tal como ese señor o esa señora
desconocidos que se adentran en una librería para
comprar un libro que destaca frente a otros en una
mesa de novedades o en una estantería que se descubre al fondo de la librería.

El lector es el que traspasa las puertas de la biblioteca
para escoger un libro y llevárselo a casa. Para fundirse
con él una tarde en una mesa de un café o leerlo más
tarde, despacio, en la noche, antes de irse a la cama y
dormir.

La noche es un momento inevitable para la lectura,
mágico, y todos conocemos personas que les gusta leer
en la cama: libros de oraciones, de rezos, de aventuras,
de viajes, de amor, incluso libros eróticos y otros que
cuentan historias inverosímiles. En sus páginas, con lo
leído, se alcanza una paz interior, una calma, que
predispone a caer en los brazos del sueño con un
pensamiento positivo y claro que, entre medio, pudiera
soñar o pensar también el autor.

Pero en todos los casos, el lector es el que elige al
autor. Sea o no de su agrado, sea este de su gusto o
no, el lector revive al autor, lo resucita cada vez que lo

elige para acompañarlo, tal como los poemas de la servilleta me iban eligiendo a mí en un camino impreciso que desde la juventud más temprana me llevó a escribir diferentes libros y a adentrarme de lleno en la literatura.

A menudo, los autores pensamos que el lector es el compañero perfecto, algunas veces conocido, la mayoría de las veces desconocido, cercano o lejano, según los casos, en el itinerario de la literatura que, a los ojos del autor y también del lector, es parte importante del viaje más crucial, como es el de la vida misma.

Por eso hay que respetar al lector, que es el que tiene la razón en última instancia y es el que compra el libro, se descarga el texto, paga por él y se lo lleva bajo el brazo para compartir su tiempo y convertir a ese libro y esas palabras en parte de su existencia.

A menudo habréis escuchado numerosas apreciaciones –y muchas de ellas un tanto despectivas o negativas– sobre el lector: que si no sabe, que es un poco tonto, que si solo sigue la moda, que deja a los mejores en una apartada esquina de la librería, que se guía por unos gustos sencillos o que se confunde con tanto libro sobre la mesa de novedades.

Habréis oído numerosas cosas sobre él, acertadas o no, pues vosotros también como estudiantes o como trabajadores, incluso como escritores y amantes de las letras, personas de múltiples y diferentes registros, sois también lectores a todas horas. Unos más que otros, es verdad, pero sea lo que sea, ahora o más tarde, antes o después, el lector no solo es lo mejor que le puede pasar a las letras y que puede existir en la literatura, sino que además tiene también su razón, con sus gustos y apreciaciones, sobre este oficio que se mantiene en el tiempo.

Se podrá decir que hay lectores muy exigentes y que, en cambio, hay otros con gustos más sencillos, que están los llamados "especializados", esos que parecen entender más de la cuenta, frente a aquellos otros, que parecen una mayoría, que se dejan guiar por lo primero que se les recomienda.

Pero, sea lo que sea, sea un lector aventajado o estemos ante uno un poco más ingenuo, uno experimentado o uno que empieza, el lector es ese joven, ese señor, esa joven, esa mujer que siempre tiene la razón al abrir las páginas de un libro y seguir con él hasta el final para no condenarlo al olvido si lo cierra sin más y lo deja ahí en una esquina hasta que otras manos y nuevos ojos se atreven a seguir el rumbo de esa escritura.

El rumbo del autor necesita de los ojos y de las manos del lector, y si en el tiempo de la escritura se piensa también en él, para que nos entienda al menos, para que se ría con nosotros, para que llore con nuestras tristezas, sea lo que sea, lo vuelvo a decir, se trate de un lector joven o de uno mayor, este siempre tiene la razón porque sin él un libro, el mejor del mundo, el más premiado, el más aclamado, no tendría una razón para existir mientras sus páginas no se abran y queden sepultadas bajo la cubierta.

Cuando comencé con los poemas de la servilleta, eso que llamamos ahora "el lector", eran mis amigos. Mis amigos de correrías a los que les gustaba lo que escribía y que, por eso mismo, me pedían que les escribiera las cartas que enviaban a esas chicas que tanto les gustaban.

Ahora los tiempos han cambiado, pero la escritura, se plasme finalmente en un libro o quede en el mismo cuaderno, tiene el mismo significado que el de la amistad. Cuando un amigo no tiene las palabras hay otro que se las presta. Cuando alguien necesita de un modo de hablar, hay otro que habla por él. Cuando alguien necesita de un modo de pensar, hay otro que piensa por él y le transmite nuevas ideas.

El escritor pone con sus palabras la voz de los que no la tienen y la escritura cede su registro a aquellos que necesitan de sus palabras. Es un juego mágico y hermoso a la vez, un eco que pasa de la nada a la palabra y de esta a la conciencia del que lo lee y asimila a su manera lo leído.

Al principio, en mi caso, esos lectores fueron mis amigos, es verdad, nunca lo olvidaré, pero más tarde estos mismos amigos fueron creciendo –como crece el autor y crece su escritura– y se fueron disolviendo en esa figura abstracta que es el lector con mayúsculas. Una persona anónima, sin un nombre y un apellido concreto, pues todos valen, los que existen en un listín por ejemplo, o en cualquier partida de nacimiento o documento de identidad.

Una persona cualquiera que, aunque es anónima y podría ser cada uno de los que viven entre nosotros, tiene el mayor de los respetos porque gracias a su generosidad y entrega, a su esfuerzo, a su gasto, a su educación, permite que el oficio del escritor se mantenga, pese a todos los cambios en el tiempo.

Todos nosotros, incluso los que escribimos, necesitamos que existan otras personas que escriban más poemas en las servilletas –por utilizar una expresión que me es familiar– que luego se dejan en la mesa del bar.

Esos poemas de la servilleta nos emocionan porque somos personas que amamos la vida y amamos también el arte y las letras, como si fueran objetos artísticos que necesitan del espectador para que cumplan con su función. Y son los que con su significado revitalizan el pulso de la vida que, a menudo, coincide con el latido del arte, que surge de la escritura.

Y si el límite del pulso del escritor lo pone la escritura, el pulso de la lectura lo pone el lector en un proceso complejo, pero maravilloso, que comienza con la página en blanco y acaba con los ojos que se posan sobre la última palabra de la última página escrita.

De tan complejo que es, finalmente lo hemos convertido en algo sencillo. Si cuando era joven, pude en algunos casos despreciar a los lectores por no querer pensar demasiado en ellos, ahora sé que ese desconocido lector puede convertirse en el mejor amigo, en una persona cuyas decisiones se han de respetar.

Y mi respeto es sincero porque con su dedicación hace resucitar cualquier libro y porque con sus pensamientos rescata del olvido cualquiera de los libros existentes, el trabajo de un escritor, sea este aparentemente in-significante o a todas luces, algo pretendidamente importante, con lo que el proceso sigue en pie y mucha gente participa con su labor en la interpretación de lo que se escribe.

El protagonista principal, por tanto, no es el escritor que escribe a solas ni la palabra que se convierte en literaria, sino el lector que, como un director de cine, descubre la película de lo leído en su mente. El lector que, como un profesor motivado, aprende con esa lección una nueva lección, como cualquier hombre o cualquier mujer que todavía se sorprende por lo que otras personas han escrito por él, esperándolo, aguardando a que llegue para dar rienda suelta a su imaginación y fantasía.

Sin el lector, no somos nadie. Cuando nosotros mismos no somos lectores, no somos nada. Un libro sin lectores está condenado al olvido, al fracaso, podríamos decir que está muerto, y en cambio, por el contrario, con la irrupción de los lectores todo revive como cuando sale el sol después de muchos días de lluvia y la casa se ilumina con los primeros rayos de la mañana, tras la noche cerrada e intensa.

En ese paisaje del conocimiento que es la escritura y que deriva en las letras, creo que el respeto al lector es lo último que se ha de cuestionar. Mis amigos, tan bocazas y frescos en sus comentarios, fueron esos primeros lectores que necesité para saber si les gustaba lo que escribía. En el fondo, sin saberlo, me ayudaron mucho, pues me sirvieron para saber si me gustaba también a mí y con ellos –y gracias a sus comentarios– fui rehaciendo los poemas de la servilleta hasta que descubrí mi voz en medio de la suya.

Unos años más tarde fueron los amigos de la universidad los que se reían de todo lo que hacía, pero a la par, secretamente, se interesaban por mis escritos. En la familia, están mis hermanas y mi hermano que –sin decirme que lo hacían– me leían y se reían de lo que escribía hasta que se dieron cuenta de que era algo más serio de lo que parecía en un principio.

Con los años, tras publicar mis primeros libros, fueron esos señores desconocidos que se acercaron a mis libros y que se convirtieron más tarde en buenos amigos, como esas mujeres que tuvieron palabras de consuelo y de ánimo cuando las necesité porque también yo fui un escritor joven, un tanto perdido y confuso, ciertamente desorientado.

Y cómo no, no tardaron en llegar las primeras críticas. Algunas de ellas no fueron muy buenas, y pese al primer enfado o las ganas de rebelarme que se apoderaron de mí nada más leerlas, cosa que, menos mal, jamás hice, siempre ha prevalecido el respeto incuestionable por el crítico que es otro modo de ser lector. Con lupa, pero lector.

Respeto y cariño a todas horas y en todas formas y sentidos, pasase lo que pasase, tuviera éxito o no, fueran muchos o pocos, de modo que con esa manera de ser y de comportarme sé que en mi interior prevalecía esta manera de entender el mundo y, de paso, mi oficio, y sé que, además, con esta visión relajada y educada me respetaba a mí mismo y así estuviese solo o estuviera acompañado, me quería un poco más.

Me respetaba y me entregaba a mi oficio, con mis aciertos y con mis errores, con mis dudas y gustos, tal como estos lectores respondían con creces y de una manera positiva, entregada, a lo que yo esbozaba y descubría en mis escritos y en mi manera de entender este oficio, donde los poemas se pueden escribir en una servilleta arrugada o en un papel liso, blanco y limpio.

Así son las cosas. Todos ellos eran mis lectores, buenos o malos, me gustasen o no. Y yo mismo era como ellos, lectores de un mismo libro que podría ser la metáfora de un mundo donde se describe el alma humana con tantos libros publicados y donde finalmente se intuye el dibujo de un nuevo mundo.

Es así de sencillo. Con tantos libros por escribir somos los supervivientes de un mundo que nos retrata con nuestros pasos y nos permite dibujar su perfil a nuestro antojo gracias a las palabras pronunciadas por todos: sean las escritas o sean las leídas en un libro, en unas servilletas de bar, en un papel en blanco o en un cuaderno cuadriculado, siempre y cuando existan unos ojos que se posan en su interior y no van directamente al suelo o a la basura, que es como decir al olvido más duro y miserable.

Lo confieso sin ruborizarme: mis lectores me han enseñado a comportarme, me han mostrado el camino a seguir. Incluso los lectores que no he tenido y aún no tengo, y que en mi fuero interno deseo que lleguen algún día para descubrirme tal como soy, como escritor y como persona, me enseñaron algo nuevo.

Me han enseñado que la apuesta de la escritura es esa apuesta vital que se guía por lo que nos dicta el corazón, tal como lo era cuando empezaba a escribir los primeros poemas de la servilleta, sin saber a ciencia cierta si eran válidos o no, si eran buenos o malos, si servían solo a los amigos o si podrían servir a alguno más en el futuro.

Un futuro que es de los lectores que saben valorar lo que a ellos les sirve y les gusta en ese momento, de la misma manera que tienden a rechazar a aquellos que, por diferentes motivos, no les gusta o no les interesa en ese instante.

Creo que jamás hay que rebelarse contra esta realidad tan pragmática y un tanto demoledora para el escritor sin muchos lectores, porque el verdadero interés de este proceso está en que el libro escrito, el poema escrito, llegue al lector, a uno solo, a diez, a cincuenta, a cien, por poner algún número, porque sin él, sin ellos, ese poema, ese libro, el mejor del mundo por ejemplo, no sería más que un libro escrito y cerrado, sin que pudiera surgir la sorpresa si no se diera el caso excepcional de que alguien llegara a abrirlo e hiciera pública su existencia.

Bendita entonces la existencia de ese acto y bendita la existencia del lector osado que se atreve a interpretar con su inteligencia lo escrito por un alma gemela y a dedicar su tiempo al mismo tiempo de la escritura, sin estar obligado a conocer al autor ni a saber mucho más de él que lo que le informan las solapas del libro.

Por eso me da mucha pena el menosprecio con el que se trata al lector y lo que a menudo se dice de él: que no sabe, que no lee, que no entiende; cuando la verdad de todo es que yo mismo no sé lo que pasará mañana y no entiendo por qué ese señor o esa señora me eligen a mí y no a otro.

Me molestan esas palabras que critican al verdadero lector, protagonista de todo lo posible y lo imposible, esa persona de carne y hueso y que podríamos decir que es lo mejor que le ha pasado a este oficio donde los poemas de la servilleta, que comenzaron como un juego y pasaron a convertirse en una necesidad, son una parte más de una existencia literaria que algunos hemos convertido en una costumbre cuando la verdadera magia está en la sorpresa de los ojos que leen un libro y unas manos que abren las páginas cerradas para adentrarse en la escritura, sintiéndose felices y rebosantes de gratitud.

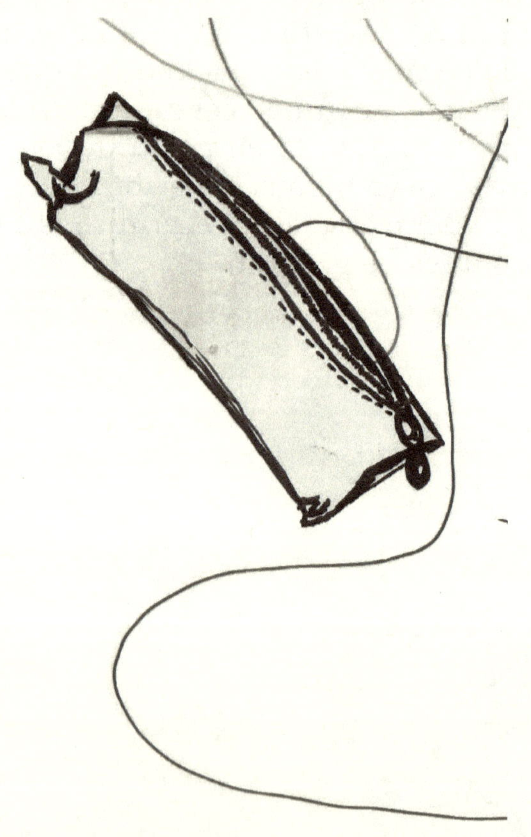

EL RESPETO POR EL OFICIO

El oficio de escritor es de una inestabilidad constante. De hecho, es un oficio que no se debe recomendar a nadie. Por lo menos, el oficio de poeta, si es que podemos llamar así al mundo que el mismo poeta descubre con la poesía.

Pero el oficio de escribir va amontonando diferentes experiencias y vivencias hasta que, llegado el mo-mento, uno puede afirmar con rotundidad, sin sentir mucha vergüenza al decirlo, que es escritor.

Se es escritor cuando se ha escrito mucho y se ha publicado algún libro. Y sin embargo, se es escritor cuando uno puede vivir de la escritura como si se tratara de un oficio más con una vertiente artesanal y otra más moderna si cabe.

Todo hay que decirlo: es un oficio maravilloso y extraño a la vez. Maravilloso porque te ofrece lo mejor del mundo: la imaginación para ser en todo momento libre, crear los mundos más increíbles y dejar constancia de los sentimientos más nobles y más lúcidos en medio de las palabras que se escriben. Extraño porque te exige una dedicación solitaria que te va apartando de los demás y te ofrece lo mejor de sí cuando te va asustando con los miedos más revoltosos que puedan asustar a cualquier hombre, como son el miedo al futuro y el miedo a la opinión de los demás.

Y es así, aunque no se piense en ello, porque la escritura depende de un examen a todas horas de los lectores que leen el libro que ha sido escrito por un autor. De una valoración perpetua de un público que, con la ley de la oferta y la demanda en la mano, hace y deshace a su antojo lo que el escritor ha trabajado durante mucho tiempo.

Ese miedo a los demás puede resultar una expresión irreal, exagerada, pero es a todas luces importante, pues todo escritor debe asumirlo como una conciencia inevitable de su oficio si desea perseverar en él.

Otro dato importante de cualquier oficio y más del oficio de escribir, es que cada cierto tiempo aparecerán nuevos ciclos donde finalmente el tiempo pondrá a cada uno en su lugar, tal como esos vaivenes del mismo mercado que añade o quita nombres, o de la economía que impulsa la cultura o la desprecia sin más.

Entre medio, se sitúa el escritor solitario que sobrelleva su condición a todas horas, mientras intenta reivindicar la dignidad de su oficio, pese a las intromisiones inevitables que se dan en su esfera y en su dominio.

Hoy que parece que todo el mundo escribe, el oficio de escribir parece que ha perdido empuje, dignidad, reconocimiento. Hoy que cualquiera puede opinar sobre cualquier cosa, que cualquiera se ve con la madurez necesaria para hablar y escribir de lo que sabe o no sabe, el oficio de escribir se camufla en otros diferentes oficios.

Aún así, el escritor vocacional, el poeta que tiene un don y lo trabaja, el ensayista que analiza la realidad más allá de los ojos de la mayoría, descubre la realidad del oficio, como debe ser, en silencio, con respeto, haya reconocimientos o no.

No lo olvidéis: con mucho respeto se vive el oficio de escribir, pese a los sinsabores que conlleva mezclarse con otros escritores y personajes que escriben y que se añaden a los mismos sinsabores de la vida que nos obligan a desplazar la escritura a límites temporales y personales insospechados.

Pero para el escritor, la escritura es lo más maravilloso del mundo porque cuando está inmerso en su proceso, cuando se vive la escritura desde adentro, el autor se siente feliz, libre, inalcanzable, incansable, invencible, como si trabajase en una especie de sueño que luego la vida se encarga de realizar.

Es crear desde la nada con las palabras del diccionario. Crear desde la nada con las letras del abecedario, con la imaginación, con el pensamiento, con el silencio y la música de un oficio que entiende los diferentes perfiles y necesidades de los autores.

Pese a todos los sinsabores del mundo, pese a la posible inexistencia de los lectores, pese a la vergüenza ajena que causan esos que van de lo que no son, pero que tienen la libertad de hacerlo, el mismo oficio de poeta, que es el más difícil del gremio de la escritura, tiene una frescura y una transformación que el poeta nunca abandona en vida, a no ser que con harto dolor y pena, la misma poesía lo abandone.

Para entendernos un poco más podríamos decir que es como una droga que se necesita para vivir. Que la escritura para el escritor es como parte del aire que se necesita para respirar a diario. Como esa sorpresa que se espera a la vuelta de la esquina para poder seguir mirando con los ojos de un hombre, de una mujer y de un niño.

El respeto por este oficio es también inevitable. Es algo que no se debe despreciar, por más que a uno no le salgan las cosas como quiere. Todo llega en su momento. Lo peor y lo mejor en diferentes momentos. Lo peor cuando no se esperaba. Y lo mejor cuando se esperaba aún menos y se pensaba que todo estaba perdido y que lo realizado no merecía la pena.

Parece demasiado radical y extremo, pero es así de simple. Mira que a menudo parece que no te da nada. Mira que casi siempre los rechazos son más que los halagos, los desprecios más que las recompensas. Mira que es difícil publicar un libro. Mira que es más difícil tener éxito con él. Mira que es difícil que te hagan caso y no te tomen por loco y pese a todo, el escritor que insiste, el que persevera y sobrevive con la misma fuerza de la escritura, el escritor con voluntad, el poeta con un don, el escritor visionario escribirá y volverá a escribir aunque sepa muy bien lo que puede perder y muy pocas veces ganará en el empeño.

Así de claro. Un oficio maravilloso que busca el aplauso del público, pero que la mayoría de las veces sobrevive en la derrota eterna, la más íntima. Tal como lo dije, sean los resultados unos u otros, se obtenga reconocimiento o desprecio a partes iguales, los escritores reivindican y respetan el oficio como pocos cada vez que escriben cuando están solos.

El escritor reivindica su magia y su libertad. Sus horarios libres, su personalidad, su eco en la sociedad, su reflejo, como si fuera la visión de un trabajo humanista, íntimo y artesanal como muy pocos, que ha perdido brillo e influencia, mientras piensa que lo recuperará muy pronto.

Y lo respeta porque el escritor se confunde de lleno con él y lo defiende a su manera con uñas y dientes. Quizá porque poca gente lo valora en una primera instancia y porque siente que hay mucho advenedizo que se acerca a él para contaminarlo y prostituirlo, para no valorarlo como se debe o como se debería: con respeto, con veneración, con gusto, con cultura, con sensibilidad, con educación, con inteligencia, con emoción, con esmero.

Porque con estos sentimientos, en la soledad más radical, el escritor como un artesano que con las palabras mancha la página en blanco, vuelve a saborear su personalidad y su triunfo cuando valora la vida y la escritura en su justa medida.

La vida es lo más importante, lo sabemos todos, pero la escritura es como una metáfora real de esta vida que nos convierte en creadores, artesanos, iluminados, profesores, amigos, confidentes, personas, diferentes o parecidas, lectores y cómplices en un modo de mirar diferente a un mundo donde las palabras están por todos los lados.

Pero, con tanta palabra sonando a todas horas, con tanto ruido, son las palabras de la escritura las que adquieren relevancia y proyectan más luz. Son esas palabras en manos del escritor las que adquieren un sentido mágico, nuevo, que ilumina a todos: a la misma vida, a las personas que acuden a ellas, a la misma escritura y, cómo no, al mismo oficio.

Ese oficio que ilumina la oscuridad de la noche. Que da luz a lo que no tenía nombre. Que subraya el sentido de una realidad desconocida. Que envuelve a los seres humanos con un pulso inteligente y acertado: el pulso de la escritura que convierte su devenir y su trabajo en un oficio importante.

Yo mismo podría hablar de muchas puertas cerradas, de trampas tontas pero reales y dañinas de mis colegas, que en su día me molestaron, de incomprensión y de mucha soledad, pero más allá de las penurias y miserias de esta realidad compleja a todas horas e inevitable como otra cualquiera, solo me gustaría que me recordasen por el intento de dignificar el oficio de la escritura con mis modestos logros como poeta y escritor al haber escrito y publicado algunos buenos libros.

El protagonista no es desde luego el escritor, sino la escritura. Y no lo es el autor, sino su oficio. El autor se disuelve en la escritura que servirá para futuros lectores y el escritor permanece solo si perdura el oficio que, como en otros ramos y gremios, pasa de una generación a otra.

Por eso mismo yo, que sentí el cuchillo de los que creía amigos, que toqué el sentido más nefasto del abismo de la duda, que supe de la incomprensión general de los lectores que nos hacen perder el suelo cuando pretendemos volar muy alto sin saber si habrá alguna mano que te recoja en la caída, siento que este oficio me va como anillo al dedo mientras pueda seguir escribiendo sin hacer daño a nadie y sienta, por último, que soy útil a los lectores en un oficio que muchas veces no parece muy práctico o no se entiende muy bien del todo.

Creo que sí que es práctico, sobre todo cuando no hay mucho dinero y el éxito no está al alcance de la mano. Y lo es porque se crece como hombre y como ser humano. Porque cada día que pasa te exige escribir mejor y ser mejor hombre y mejor compañero, mejor persona, aunque muchos no se lo crean.

Porque cada día que pasa te exige trabajar más y ser mejor trabajador, como uno más y a la vez, un tanto diferente, que persigue la belleza y la sabiduría en este mundo que parece a veces tan feo y tan corrupto, pero que finalmente es tan justo y tan bello.

No importa lo que me pase a mí, si el mundo sigue adelante, me suelo decir a menudo. De hecho, no hay que pensar mucho en lo que te da el mundo, sino en lo que de verdad le ofreces, porque el mundo de la escritura te exige vivir en él, dándole más de lo que puedes recibir a cambio, a no ser que tengas en cuenta y valores en su justa medida esa paz definitiva que se alcanza cuando se pone el punto final a una obra o a una etapa más de tu vida.

Sea lo que sea, si quieres convertirte en escritor debes escribir cada cierto tiempo. Los hay que van por saltos y otros que lo hacen cada día. Pero, sea el primero o el último de tu existencia, ese momento de la escritura debería ser como ese día excepcional que recuerdas, porque, así como los sinsabores de la escritura parece que llaman más la atención de lo debido, es la felicidad de la misma escritura, su don, su secreto, la magia de crear mundos paralelos y nuevos, de crear historias con las palabras, de dibujar ciudades con ellas o de definir sentimientos con sus diálogos y silencios, lo que prevalece con el paso del tiempo.

Finalmente es la felicidad de la misma escritura cuando se crea algo útil o algo bello, la misma felicidad que podemos observar en los ojos de los lectores, la que se descubre en las exigencias de un oficio que nos da todo –sin darnos nada–, nos quita casi todo lo que nos dio y nos vuelve a dar todo de nuevo, una vez que volvemos a la escritura, mientras llegamos a pensar que en ese proceso natural e inteligente a la vez, jamás deberíamos quejarnos de nuestro modo de vida, tal como tampoco podemos rechazar la vida elegida ante nosotros mismos y los demás que nos miran con admiración o con respeto, incluso con un punto de envidia, y esperan a ver qué hacemos a la vuelta de la esquina.

La inteligencia, la sensibilidad, la perseverancia, incluso la frescura, la ingenuidad o la osadía y la temeridad tienen un hueco en el espacio de la escritura. Son rasgos que en silencio el escritor debe mostrar con su trabajo.

El egoísmo, la mezquindad, las trampas, la vanidad, el robo, el plagio y el desprecio son las caras de un escaparate que se instala delante del oficio y que llama mucho la atención de la gente, a la prensa, por ejemplo, pero que no tiene tanta importancia como la belleza y la singularidad del oficio porque lo que de verdad importa es lo que sucede en su interior.

Lo que de verdad importa es lo que sucede en el interior de esos hombres y mujeres que se convierten en escritores mientras escriben a diario y se esfuerzan en vivir de la escritura, sin perder con ello la dignidad como seres humanos e intentan demostrar al mundo que con la escritura se puede retratar todo lo demás y sin perder de vista ni lo más practico ni lo más fantasioso o inverosímil.

Si verosímil es la literatura y si real es la vida, el oficio de escribir queda en un punto intermedio donde una y otra se plantan en los extremos de una necesidad artesanal que configura la exigencia de aunar palabras y de sujetar las frases en un texto cerrado que emplaza al lector a que las contemple y que con su ojos intervenga en el proceso final del libro, que es el documento del entendimiento más maravilloso que ha creado, entre otros inventos memorables, el ser humano.

Pienso que el libro es un documento de trabajo y de conciencia que el escritor, que el autor, es capaz de ofrecer y destinar de un modo valiente, generoso, artístico e, incluso, un tanto tímido por el poco valor que se le concede, a sus compañeros de generación por algún tiempo.

El tiempo de la escritura tiene ese don múltiple. Por un lado, se sitúa la gente que lee, y por otro, la gente que escribe en un oficio que llama la atención a los primeros y viven de un modo natural los segundos.

En mi caso, desde aquellos poemas de la servilleta vivo en la escritura. Pero también vivo con ella cuando camino y voy pensando en mis cosas; mientras observo cómo es la ciudad por donde paseo; mientras observo a la gente que me da las pistas necesarias para comprender a los hombres y a las mujeres que luego aparecerán en un libro futuro.

Ese podría ser mi libro de la vida, tal como las posibles memorias de un oficio donde, entre tantas cosas dispersas que se deberían unir, puedo hablar de la palabra, de cómo poner un punto final, de reescribir, de corregir, de cómo se prepara y planifica el texto, si se escribe a lápiz o en el ordenador, de cómo me siento para escribir, de cómo escribo en la cocina o si lo hago en el salón de mi casa, en el despacho de mi oficina o en la biblioteca de la ciudad donde vivo.

Hay más detalles que podría enumerar si pienso en la escritura. Por ejemplo, qué música escucho mientras escribo, qué es lo que estoy pensando cuando lo hago, cómo analizo lo escrito, cómo sé que he terminado, cuándo doy con el título final del libro o cómo es que sé que voy a empezar uno nuevo.

Son tantas las anécdotas, tantos los detalles, tantas las personalidades diferentes y parecidas, tantas las voces en ese eco común que es la escritura, que hablar de un oficio que puede ser igual para todos, pero al mismo tiempo diferente, puede resultar demasiado complejo si no nos atenemos a la simpleza y al respeto elemental que merece el oficio.

Sé que en la concepción individual de cada escritor puede prevalecer un mundo complejo, que se ha de admitir y respetar por igual, pero lo que pocas veces se dice, y sobre lo que a mí me gustaría hablar aquí y ahora, es del respeto de un oficio que nos da tanto cuando parece que no da nada, que nos espera a la vuelta de la esquina cuando queremos abandonarlo y que nos persigue hasta la tumba, una vez que se ha ido apoderando de nosotros sin querer marcharse, sin querer dejarnos, mientras no importase tanto lo que habíamos hecho y parecía que lo que escribíamos no era bueno ni servía para nada más que para dejarlo olvidado o tirarlo a la basura.

Pero todos los que escriben saben que no es así. Son cosas que se dicen para explicar el fracaso de este proceso que nos exige una perfección radical mientras olvidamos la ingenuidad del principio o la frescura de los inicios. Mientras olvidamos la bondad y la belleza de un oficio que nos obliga a sacar de dentro, del corazón, lo más sentido, lo mejor de cada uno y que nos exige seguir con esos poemas de la servilleta, pese a ir cumpliendo años y hacernos mayores, aun sintiendo las dudas del principio, la incomprensión de casi siempre, la soledad de siempre y que intenta mitigar la esperanza que nunca nos abandona al poder escribir de nuevo.

Puede que, como tantos, sea un oficio de mucha basura, de mucho tirar, de trabajar con materiales que luego no sirvieron para lo que se intuía o se pensaba en un principio, pero a diferencia de otros trabajos más artesanales o sistemáticos donde no se valora tanto el mundo de las ideas o el de la fantasía, se podría decir que en esa basura crecen las flores más bellas.

Flores bellas y logradas que son producto de la insistencia, resultado de la perseverancia, del trabajo que termina encontrando la inspiración, del reciclaje eterno hasta dar con la composición perfecta.

Flores que se ofrecen al paseante anónimo, al amigo lector que sigue siendo ese desconocido que nos examina cada vez con más respeto, una vez que todos terminan por respetar la realidad de este oficio. Un oficio muy individual, pero que a su vez nos acompaña todas las mañanas y nos guía por todas las basuras del mundo hasta contemplar su verdadera belleza.

Cada vida de escritor, cada libro, cada poema de la servilleta que se recoge del suelo, cada proclama, cada relato es una ventana iluminada del oficio de vivir que es este mundo que nos confronta a un espejo donde nos situamos para no ser tratados como una mercancía. En todo caso, tarde o temprano, es preferible plantarle cara al reflejo del espejo.

Un espejo que nos sirve para guiarnos y contemplarnos mientras sentimos el vacío de un futuro impensable, el frío de un momento donde hemos podido perder la esperanza de encontrar a un lector que lea lo que hemos escrito y comprenda, como nosotros tratamos de comprender el mundo, la grandeza de un oficio que, pase lo que pase, nos salva de la quema.

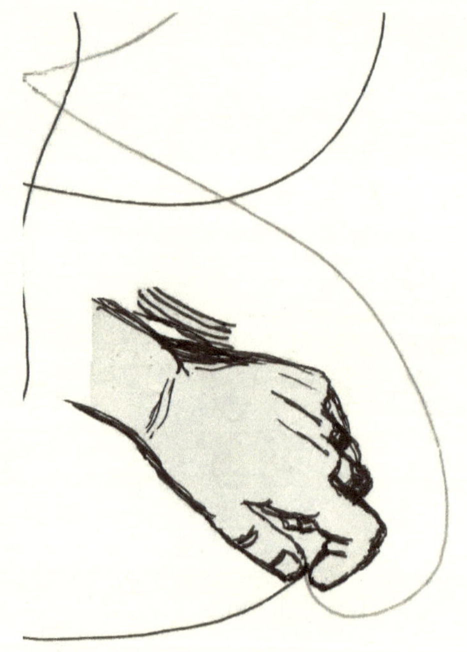

CÓMO SE CAMBIA CON LA ESCRITURA

Escribir me dota de un espacio y de un tiempo diferente. Escribir me hace sentir más libre y creerme más fantasioso. Me hace volar sobre una realidad en un mundo que cambia vertiginosamente.

Cuando yo empecé con los poemas de la servilleta, el mundo tenía pantalones cortos, no había teléfonos móviles, los coches eran unas carracas de cuidado y los ordenadores eran unos aparatos pesados que no existían en las casas y mucho menos en las habitaciones de los estudiantes.

Escribíamos a mano y luego si había suerte, lo pasábamos todo a limpio con la máquina de escribir. Más tarde llegaron los primeros ordenadores, pero el mundo tenía aún su telón de acero y era un espacio dividido entre buenos y malos, americanos y rusos, cuando España era un país que comenzaba a vivir en democracia con asombro y peculiaridad.

Los jóvenes, por nuestra parte, nos queríamos comer el mundo e intentábamos organizarnos, al menos entre nosotros, con nuevas normas de vida, con nuevas maneras de mirar y de narrar, de amar, aunque los mayores nos avisaban de que las consecuencias eran inevitables, casi las de siempre. Ya se sabe, el equilibrio, el conformismo, el trabajo y la responsabilidad frente a los derechos que nosotros enarbolábamos en torno a nuestra deseada libertad.

Pensándolo bien, recuerdo que nos íbamos haciendo mayores también casi sin darnos cuenta, cuando escribíamos de esas y otras cosas en tantos poemas de la servilleta que fueron a la basura y que hoy me gustaría encontrar siquiera entre las páginas de un libro para saber lo que decía y para recordar mi letra menuda con aquel rotulador negro que traspasaba con su tinta el papel.

Todos cambiamos con los años. Ya se sabe: las arrugas, la caída de pelo y la vista más cansada. Y esos cambios corporales que nos acercan a nuestros mayores nos llevan a entender la evolución de una vida como la posible transformación de la escritura cuando cambian los tiempos.

De jóvenes éramos más románticos y osados, algo aventureros, un tanto desprendidos y dejados a la vez, pero, cada vez que cumplíamos años, todos sentíamos la necesidad de encontrar cierto equilibro entre lo que hacíamos y deseábamos, en medio de un posible espacio feliz para dar rienda suelta a nuestros pensamientos y deseos.

El deseo de la escritura tiene ese don que media entre el deseo y la realidad: te da lo que no se espera y te roba lo que esperabas que te iba a dar. A menudo, una inexplicable certeza cuando la escritura nos cambia también por dentro y por fuera.

Por dentro, nos exige escribir mejor, hacerlo cada vez diferente y con una madurez a prueba de muchos silencios y demasiados fracasos. Por fuera, nos llama a ser mejores personas, a creer en la amistad, a ser generosos con nosotros mismos y con los demás. Nos cambia por dentro y por fuera para convertirnos en escritores a los que los lectores acuden para evadirse y conocer con otras palabras sus sentimientos.

El cambio es evidente. Como el mundo, el registro de la escritura va cambiando. Los temas parecen los mismos de siempre, ya se sabe: el amor, el deseo, la soledad, el poder, la vida y la muerte. Pero el envoltorio, los diálogos, las palabras, el mismo vestido de los personajes, el traje de las personas, hasta la misma música que aparece en los libros corresponde a la vida que se ve y suena ahora mismo.

Y lo que se vive ahora nos lleva a las palabras que utilizamos con sentido en nuestro tiempo cuando vivimos un instante que es único e irrepetible. El ahora es lo más necesario y lo más hermoso de la vida cuando se vive de lleno. Lo mismo sucede en la escritura cuando se escribe concentrado en lo que se está haciendo.

Pero la vida y la escritura también saben mirar al pasado y, cómo no, saben mirar al futuro. En el pasado, la escritura nos observa jóvenes, ingenuos, frescos, balbuceantes, como principiantes que van midiendo las palabras que se utilizan y van corrigiendo más de una vez lo que ya estaba corregido.

En el futuro, en cambio, intuyo que se nos podrá exigir que seamos más contemplativos, pero hasta que esto llegue es preferible pensar que nunca se sabe. Podríamos decir que todos esperamos lo mejor de cada uno: escribir ese mejor poema, escribir ese mejor libro o, al fin, encontrar la paz y el equilibro que siempre anhelamos en el pasado y aún sentimos como una asignatura pendiente en el presente.

No obstante, dejadme decir algo que puede parecer osado. Con tanto cambio personal y privado, con tanto cambio en el contexto y en el mundo, con tanto cambio en el proceso del libro, solo la escritura que responda al futuro elevará al hombre sobre sus pasos.

Se le podría decir al escritor e, incluso, al mismo editor que ve abrirse el suelo con tanto cambio: si eres capaz de imaginar un mundo nuevo, puedes ser capaz de imaginar un libro nuevo. Pero es en el presente donde la escritura nos retrata como somos, de la misma manera que retrata a la sociedad en la que vivimos y al mundo en el que nos movemos.

Y si nos movemos por impulsos, la escritura será impulsiva y azarosa. Y si nos movemos por sentimientos razonados, esta será más controlada y distante. Y si nos movemos por secuencias personales o melodías que nos conciernen solo a nosotros, esta será biográfica y melódica. Y si la escritura se mueve en torno a las ideas que profesamos, buscará el pensamiento cautivo entre las palabras más libres.

Pero existen más movimientos. Si nos movemos por la historia, la mirada parece que vuelve atrás, y si nos movemos por los diálogos del presente, la ficción recobrará su pulso para dar rienda suelta también a sus emociones.

Las emociones cambian con la escritura y el escritor las reconoce, quizá no a primera vista, pero sí con el paso del tiempo. Las recordadas emociones del joven soñador que aspira a ser algo en la escritura o sencillamente, las del joven que quiere triunfar en cualquier campo profesional que imaginar pueda o las del joven que quiere profundizar en un oficio. Los sueños que luego la realidad se encarga de equilibrar en su justa medida.

Como la escritura que cambia por fuera y por dentro también al que lee. Le cambia su manera de pensar y de observar el mundo. Le cambia el registro de su voz al acompañarse de situaciones modélicas que le servirán en la vida.

Nos cambia a todos, tanto si escribimos como si leemos. Cuando escribimos nos cambia el pulso de lo que decimos, sentimos y mostramos a los demás, con el fin de perpetuar el respeto y la educación que se le dispensa al prójimo, tanto como el respeto que se le debe al oficio de la escritura.

Y nos cambia en todos los sentidos una vez que nos liamos la manta de las palabras a la cabeza y con ella dormimos y soñamos, porque la escritura forra de palabras nuestros sueños, porque dota de silencio pesado y de razón sólida a nuestros pensamientos más complicados y más sencillos.

Por eso, para ordenar los pensamientos, es bueno escribir una carta, un mensaje, un informe o hacer una memoria, por ejemplo, un día cualquiera, porque la escritura nos cambia de múltiples maneras, tal como repasa lo que somos, lo que hemos sido y nos muestra con los ojos cerrados el posible camino de lo que podremos llegar a ser.

La escritura repasa todas las palabras del diccionario cada vez que se utiliza. Reivindica los recursos lingüísticos posibles cada vez que registramos un sentimiento propio o ajeno. Hace de nosotros héroes y villanos a todas horas y mantiene el punto de vista del narrador cuando deja en manos del lector sus ideas y sus ensueños.

Es la magia y la religiosidad de la escritura que deja en manos del escritor y del lector en quién creer y cómo hacerlo. Sea lo que sea, nos cambia y nos hace más listos y más humanos, más divertidos y más nobles, y de la misma manera nos provoca.

La escritura provoca al ser humano para que despierte, para que se enfade o se rebele, para que pueda responder con sus palabras a la provocación de la vida, como cuando estamos con otras personas y comenzamos a mantener nuevas relaciones sociales, a conocer nueva gente, al principio un poco perdidos, intimidados, un tanto desconcertados y confusos, para que finalmente nos sintamos tan integrados en el entorno como confiados con las palabras que utilizamos y empleamos mientras se nos olvida cómo fue todo ese proceso en los primeros tiempos.
Hablamos del mismo proceso de la escritura mientras olvidamos cómo escribíamos esos poemas de la servilleta que nos iban cambiando, en mi caso, a mí y a mis amigos. Y más si cabe, a mí que iba tejiendo una maraña

de ideas y sentimientos que me hacían separarme de la manada, de esa mayoría que yo veía con algún recelo.

No es que quisiera ser distinto, pero en la escritura encontraba la libertad que notaba me faltaba en ese esfuerzo de vivir a diario. Encontré las relaciones más intensas, el libre pensamiento que no veía a mi alrededor, y encontré también nuevas visiones del amor para entender lo que me pasaba en una sociedad que se abría como una flor a la libertad y la democracia. Una sociedad que todavía no se mostraba del todo como hoy, pues seguía muy arraigada a huertos tradicionales y tierras de difícil acceso y cambio.

Qué tiempos aquellos, tan buenos como otros, tan maravillosos, aunque diferentes a estos, donde la historia se escribía con numerosos cambios que recogía la escritura mientras el escritor mudaba de piel sin reconocer del todo su propio rastro.

La escritura es como esos surcos en la tierra cuando se excavan sus profundidades. Casi como la memoria: en un primer surco se sitúan las palabras grandiosas, las que todos emplean. En su segundo nivel, las que emplean solo algunos, los que empiezan a sentir el poder de su significado, su evocación. Y en un tercer nivel, las que utilizan unos elegidos, los que se convierten en escritores de una historia personal e íntima o de una historia colectiva y que los demás leen como señales del destino o mensajes lanzados en una botella al agua que una mano recogerá en el futuro como si fuera un testigo.

Nos cambia porque con ella cambia la historia. Y así como existen relatos individuales de lo que acontece en el mundo, existirán también los que retraten a todos nosotros por lo que se hizo y dejó de hacer en momentos concretos de la vida.

La vida, sí, esa historia que alcanza su pleno significado cuando escribimos de lo que nos pasa y sucede alrededor. Pero solo las historias que alcanzan un sentido artístico multiplicarán su propio eco, como si fueran parte de una sencilla metáfora que todo el mundo entiende, pese a incluir en su interior una realidad muy compleja donde hay paz y hay guerra, donde hay cielo y hay tierra, fuego, aire y agua, como elementos existentes en la escritura.

El agua de la escritura es ese cielo que llueve con el tiempo que pasa ante nuestros ojos cuando pensamos en lo que vemos, en lo que leemos, en lo que recogemos cada vez, para iluminar la oscuridad y llamar a las cosas por su nombre.

En la transformación nos nombramos mientras intentamos definir con las mismas palabras a las cosas que cambian, porque si el tiempo es el agente que transforma la faz del mundo, el tiempo de la escritura pasa de un lado a otro, desde el inicio hasta el final, del pasado al presente y del presente al futuro cada vez que el hombre y la mujer escriben en su casa y observan la ventana del mundo para que los demás sepan lo que se ve, y para que atiendan lo que se dice como que se entienda lo que se intenta narrar en ese tiempo interminable de cambio y de sorpresa.

Éramos de una manera y ahora somos de otra. Somos los mismos de siempre, pero hemos cambiado, como cambiaremos aún más con el paso del tiempo. Y esta definición que sirve como modelo para el cuerpo y para el alma de los individuos, de los seres humanos, se amplía a la misma escritura que proyecta su cuerpo en las palabras que se materializan sobre la página en blanco o sobre el soporte informático más novedoso, y que aún hoy es algo que parece que está en construcción, en ciernes, hasta su definitiva definición porque la transformación parece perpetua y móvil, cambiante, como todo lo que abarca la mente del ser humano que contempla la vida.

Y ese mismo tiempo situará a la escritura en nuevos planos del entendimiento, de los sentidos y los sentimientos. Prevalecerá el cambio de orientación en las nuevas miradas que contemplen la escritura desde su origen hasta su nueva definición y el cambio aparecerá entre los nuevos escritores que recojan el testigo del cambio permanente. Un cambio importante, una ley de vida donde todo parece, por un lado, móvil y cambiante y, por otro, quieto y amarrado desde siempre a una historia general donde la suma de las historias individuales configura la historia colectiva.

Toda una realidad que podría mostrarse como si fuera una metáfora de un tiempo que prevalece también, por ejemplo, en los poemas de la servilleta que se olvidaron en el suelo y que una mano sabia, guiada bien por el azar o bien por la magia del momento, recoge del piso, en un proceso interminable.

Es el descubrimiento del ser humano tras el poder y la evocación de las palabras, el mismo descubrimiento que muestra el mundo desnudo en su máxima sencillez, una vez que la realidad se materializa en el devenir de la escritura. Un proceso del conocimiento donde la figura del individuo se diluye en un anonimato mágico que agranda la escritura cuando incluye en su oficio y en su magisterio a todos los escritores del mundo y a todos los lectores habidos y por haber.

Unos y otros cambian, la escritura que nos transforma a todos, incluso a los que todavía hoy no pueden ni saben leer o escribir. La escritura que describe su propio desarrollo, la que se instala en los márgenes, la que cruza los caminos y los valles, la que se comunica entre satélites, sin que posiblemente se intuya la mano del escritor ni el rostro del lector.

Con el lector se modifica la mirada del mundo y con el escritor su percepción en un oficio de cambios permanentes donde los códigos de la comunicación se transforman y donde los resultados del conocimiento van convirtiéndose en realidades que unen distancias separadas.

Una situación que cruza múltiples caminos hasta formalizar un presente abierto al futuro, donde unos y otros se van intercambiando los papeles, los trabajos, los pasos a seguir, tal como surgen nuevos medios y nuevas palabras que parecían sepultadas en esa franja de la memoria que corresponde al pasado para explicarnos el presente y guiarnos en el futuro.

¿Cómo podremos dejar de evolucionar si deseamos explicarnos este cambio donde una ley invisible parece que nos obliga a conocernos entre nosotros y vivir nuevas experiencias, unas experiencias, por lo demás, que desde la escritura incluyen las del amor, las del cariño y el respeto, las del ofrecimiento que el escritor concede al lector en una relación interminable de respeto y de amistad?

Y ya se sabe lo que sucede con la amistad, se mantiene porque se transforma con el paso del tiempo y cambia porque se conoce a nuevas y diferentes personas que se encuentran en la vida.

La amistad cambia a las personas y cambia con los años. Siempre y cuando haya voluntad para situarse de nuevo ante los demás, ante el mundo, ante uno mismo. Siempre y cuando exista un tiempo presente que recuerde al pasado y que por igual mire con esperanza al futuro que se presenta con gestos y palabras, una especie de mundo volátil y variable, demasiado insistente para ser negado, para ser rechazado.

Creo que nos sucede a menudo. Cuando sentimos próxima la amistad nos preguntamos cómo será esa persona, ¿es así? De preguntas está hecha la materia de la escritura que empieza a mudar en el camino de la amistad ininterrumpida con el lector, que a su vez comienza a viajar de la mano del escritor, que esta vez, sin moverse aparentemente de su sitio, se interroga por qué no se pueden invertir las preguntas para buscar también nuevas respuestas a lo que se espera de este nuevo mundo.

Seguro que hay respuestas para todos los gustos: "Cuando la vida muestra su extrañeza, el día se abre a lo inesperado con su luz y la claridad del cielo". "Después de algunas decepciones surgen nuevas amistades que te enseñan nuevas cosas y gente interesante que comparte contigo sus experiencias".

De la misma manera, la escritura muestra su sorpresa y se abre a lo inesperado con su mágica transparencia. Después de tantos años escribiendo los poemas de la servilleta, surgen nuevos poemas que te enseñan nuevos caminos de vida y de existencia cuando a su vez te encuentras con nuevos lectores que comparten contigo sus vidas y su biografía.

Para volver a escribir después de largo tiempo sin hacerlo es necesario descubrir que en el fondo uno no ha cambiado tanto. Pero una vez que se empieza, se va cambiando con el tiempo porque tanto la vida como la escritura se instalan en un presente que, inevitablemente, ha de mirar al futuro.

LO QUE HAY QUE HACER

Para escribir hay que saber de dónde se escribe y partir sin ningún miedo adonde no se sabe que uno puede llegar con tiempo. Adonde no se sabe ni se conoce lo que hay detrás, pero que se intuye que puede ser el recorrido de un camino siempre difuso e inestable, quizá el final de uno por descubrir con lo que se tiene a mano: el silencio y las palabras.

Yo mismo comencé sin saber si aquellos poemas de la servilleta me iban a servir más que para dar rienda suelta a mi desconocimiento de la vida y para interpretar mediante las palabras lo que me estaba pasando y sentía mientras los demás se divertían a mi alrededor.

Pero pronto aprendí que lo que se escribe debe ser tratado con mucho mimo y con mucho tacto. Con mucho respeto, como cuando se habla a un amigo o se escucha la confesión secreta de una amiga.

Aprendí que había que volver a la escritura, que había que leer lo escrito para descubrir lo que se quería decir y hacer. Que había que acertar con la música callada del papel, con la música de las palabras, con el ritmo, con la esencia de la escritura que va cambiando tanto como cambia la mirada del hombre y de la mujer cuando va cumpliendo años y sabe más de la vida.

En el fondo somos los mismos, pero con los años tenemos ese corazón de siempre, el del niño que fuimos, solo que es un corazón más maduro y con más experiencia. Y así sucede con las palabras que se escriben. Como una carta de amor que tras leerla varias veces, uno se atreve a enviarla o como esa botella que se arroja al mar con un mensaje secreto, personal, que es la mejor metáfora de todos esos viajes donde se pide socorro a quien se desconoce mientras se confía en el azar.

Son esos mensajes que con poco dicen mucho, esos mensajes que se escriben y se descifran con pocas palabras, sentidas, humildes, con cierta experiencia, con un recorrido que nos permite hablar de la vida mientras nos confesamos a los demás y, de paso, nos retratamos juntos.

No es suficiente escribir porque sí o hacerlo a menudo sin más para acertar de lleno y progresar en este sentido; hay que tener una plena consciencia de lo que se escribe, de lo que se dice, de lo que se lee, de lo que se quiere transmitir, de la misma manera que hay que tener una fuerza enorme y una concentración admirables para sentir la energía que debemos contagiar por igual el lector que nos va a leer y que va a poner sus ojos y toda su atención en las palabras escritas, tanto como su corazón en los sentimientos que describimos y su visión de los hechos en las historias que contamos.

Yo mismo soy el ejemplo del aprendiz perpetuo. Recuerdo, por ejemplo, que narraba mucho al principio, pues quería decirlo todo con muchas frases que sonaran bonitas para que pareciera que era muy listo y muy filosófico.

Estaba aprendiendo y muchas veces fui un ingenuo hasta que me di cuenta de lo que no hay que hacer. Ya se sabe, tenía la osadía del aprendiz y en el fondo, sin saberlo, era un pedante que tardó en reconocer que lo que estaba haciendo no era lo que me correspondía. Menos mal que me di cuenta.

Todavía lo recuerdo como si fuera hoy. Menos mal que para no seguir por ese camino errado y errático a la vez, borré y tiré muchos poemas y cartas a la basura, corregí mucho y escribí sobre lo escrito, reescribí hasta que todo adquirió a mis ojos una realidad nueva, definida, mucho más sencilla, que superaba la complejidad del principio, la dificultad del comienzo.

Por eso soy uno de los pocos que insiste en este aprendizaje donde personalmente recomiendo borrar, cortar, "meter la tijera", hasta dar con la idea exacta, la más aproximada a lo que queremos contar. Reescribir y no perder la concentración hasta el último punto, hasta llegar a la esencia de la escritura.

Escribir con la cabeza y con el corazón, hacerlo con los ojos y con los dedos, y desde las mismas manos volver a empezar, con otro ritmo, más despacio, como si lo hicieras con la mano que no utilizas, para que puedas aprender de nuevo y puedas repasar con otra lentitud lo que has escrito o quisiste escribir y finalmente, aparece ante los ojos de los lectores como si lo hubieras escrito con cierta facilidad o sin mucho esfuerzo.

Observo que muchos escritores cuentan cosas por contar y estiran los cuentos y los párrafos hasta límites insospechados. A veces, una breve carta se convierte en un poema largo; un cuento largo, en una novela breve; una novela breve, en una publicación de muchas más páginas. Pero es un error. Y ante estas cosas el lector siente que hay algo que no está logrado y que no cuadra naturalmente.

La escritura como los sueños tiene su medida exacta, su propio eco ante los oídos del autor como del lector. De uno pasa a otro y de estos se va multiplicando, si tiene validez y se acierta, en el eco más prolongado y maravilloso que es el periodo de la lectura y que es, como se sabe, la prolongación del tiempo que fue de la escritura.

Y el tiempo de la escritura es uno y no es otro. Es de uno, del autor en un principio, del lector más tarde, pero no es de otros agentes externos que puedan condicionar el texto. Ni las ventas de un libro ni el mercado ni las exigencias de los editores ni las obsesiones de los maestros o, incluso, las recomendaciones bondadosas de los seres queridos pueden tergiversar el ritmo y el significado de las primeras páginas que escribe el joven poeta o la joven novelista.

Vuelvo a mí. Yo lo hice con los poemas de la servilleta y luego, más tarde, con mis libros de ensayo y de arte, con mis novelas. Corregí hasta la última coma, hasta el último párrafo y no dejé que la narración se fuera por la pendiente de la música bonita de las palabras, sino por lo que se narraba, por lo que se debía contar y explicar.

Otro tanto me sucedió con los ensayos que escribí donde no quise que la música de las palabras impregnara con su melancolía a la escritura; y me concentré de tal manera para que la sonoridad no fuera el argumento principal y único del texto; y para que la belleza se pudiera notar en todo lo que se decía, en cómo lo decía y en el porqué de esa misma necesidad de comunicar y de contar lo que necesitaba expresar.

La sonoridad de las letras, la música sonajero de muchas novelas, lo que suena más allá de su propio entendimiento aparece porque hay personas que confunden literatura con lo que suena bien y poesía con esa literatura sentimental que aparentemente es como entienden esos poetas que declaman esos versos, asimismo, vacíos de contenido.

Tal como os dije os recomiendo entonces cortar, tachar y borrar hasta que se acierte de lleno y el texto aparezca con su propia personalidad. Es eso que no estaba, pero que cuando está es como debía ser incluso cuando se sabía que podía estar.

Es eso que no se sabía muy bien, pero que se intuía que debía ser así. ¿Por qué os creéis que nos gustan unos textos sobre otros? ¿Por qué unos poemas se nos meten en la cabeza a la primera y otros pasan así, ni fu ni fa? ¿Por qué unas canciones se convierten en himnos que se reconocen en un tiempo de nuestras vidas sin que las podamos olvidar en ningún momento?

Pues fácil, sencillamente porque tienen lo que tienen y han de tener, nada más que eso. Nada más ni nada menos, ni una nota de más ni una nota de menos. Ni una palabra de más ni una de menos. Ni una frase de más ni una de menos. Ni siquiera, por último, un título pretencioso o uno rimbombante, sino el acertado, el que completa lo que se tenía pensado escribir, el que presenta lo que se encontrará dentro y el que dirige la mirada adonde se debe dirigir.

Huid por tanto de la hojarasca y de la tempestad hueca. Escribid con el corazón. Huid de lo etéreo y lo vanidoso, de la retórica por la retórica, no os convirtáis en unos virtuosos de la palabra, sentaos sobre el suelo de vuestro pensamiento y de vuestra realidad.

Huid de los sueños confusos y perseguid lo que parece imposible pero no lo es. Elevaos sobre el cielo de vuestras visiones, pero cuando volváis a la realidad, escribid desde el sueño transparente y si lo hacéis desde la realidad, de un lado o de otro, hacedlo para que os sintáis cómodos en lo que decís y entendéis de verdad.

No pretendáis que los lectores entiendan lo maravilloso que sois o lo bueno y guapo que os creéis. Sentid su mirada inquisitiva de un modo discreto y no os avergoncéis por nada.

Escribid con naturalidad, recordad cuando erais pequeños y mientras hacíais los exámenes, el profesor se acercaba y tapabais el cuaderno con la mano que estaba libre. Esta vez no lo hagáis, no apartéis el cuaderno de vuestros ojos, no ocultéis nada de lo que tenéis dentro, ocultad solo lo que no os sirvió para explicaros, lo que no os sirvió para contar lo que sucedió, lo que no sirve para narrar lo que se soñó y quedó en el sueño de los justos, en esos poemas tirados al suelo o fuera de ese libro que parece el definitivo, en esa novela que al principio tenía doscientas páginas y ahora tiene solo ciento cincuenta.

Escribid con el alma de las cosas invisibles, pero luego podad ese jardín de confesiones y sentimientos variados. No utilicéis las palabras que parecen importantes, que suenan a poesía, sino las que son reales y en su lectura alcanzan alturas inimaginables. Escribid desde la derrota, desde la alegría, desde la nada o desde el todo, desde el olvido si fuera necesario, pero dadlo todo cuando lo hagáis.

Dadlo todo, todo lo que tengáis dentro, todo lo que podáis ofrecer en ese momento. Dadlo todo, sea en un partido cuando solo hay un espectador y encima, para más inri, no os conoce. Dadlo todo como si fuera la primera vez que se escribe un poema de amor o una carta, como esos poemas de la servilleta con los que yo mismo me limpiaba luego la boca de las palabras que salían de mis labios y me mostraban en el espejo con claridad.

Sed claros y certeros, sed visionarios pero claros, sed transparentes, que la literatura está hecha de muchos colores. Debéis empezar con los colores básicos, como una metáfora de la vida y la muerte, como el blanco y el negro. Más tarde llegarán los colores del arco iris como metáforas del espacio abierto y el lugar donde

vivís y sentís al mismo tiempo. De ese tiempo presente
o del pasado e incluso del futuro más visionario.

Pero, sea lo que sea, dejadme que os diga una cosa más.
Lo que predominará finalmente será ese color transparente, el más claro, casi como el amor que no siente
ningún miedo ni ningún ridículo para confesarse y
explicar cómo se puede y debe decir lo que en principio
era verbo y ahora es palabra.

Escribid sin miedo y sin miedo volver a cortar y a borrar,
a reescribir hasta dar con la voz, la vuestra en ese
momento, la que necesitéis, hasta encontrar una salida
a vuestras necesidades, insatisfacciones y anhelos y
que gracias a la escritura convierte la vida de uno en
interesante para los demás.

Huid del yo exagerado, del "Yo" con mayúsculas, huid
de la tontería por la tontería y recurrid a la medida
exacta, a la modestia, pero esforzaros en el humor. Huid
de la confrontación con uno y con los demás y buscad
la paz en la escritura, en la reflexión. Las palabras
deben ser apropiadas, bellas, oportunas, expuestas con
devoción, incluso, con riesgo, pero asumidas al cien por
cien, con todo el respeto del mundo y que un escritor,
por muy primerizo que fuese o por muy joven que sea,
debe tener también por sus lectores.

Escribid libres, que nadie os impida sentiros así, que
nadie os impida seguir vuestra voz, que nadie os impida
concentraros en vuestro destino. Y forjad vuestro destino
mientras huis de las palabras altisonantes, de los
insultos y quedaos, por el contrario, con las que parece
que no son importantes, pero que son como ese fuego

incandescente que ilumina toda una vida. Como ese pequeño soplo de aire que también es transparente y que parece que no se ve, pero se siente.

Huid de las palabras del periódico, de la radio, de la televisión e Internet. Elegid las vuestras y haced con ellas vuestra radio, vuestra tele, vuestro periódico destinado a los lectores interesados. Sed vuestra imagen y voz en Internet y sedlo para los lectores que compartan vuestra escritura móvil, en tierno crecimiento y conflicto, pero solo con lo que está bien y pensáis que es acertado para seguir creciendo.

Y no olvidéis seguir los derroteros del estilo y los vaivenes de la gramática de la lengua en la que escribís. Aprended todo de ella, incluso los trucos y trampas que tiene, para que podáis hacer cosas que en un principio parecían imposibles y no se aceptaban a la primera.

Dominadla para estrujarla de diferente manera a como lo hacen los catedráticos y profesores. No tengáis miedo a lo que os digan o a que no comprendan lo que hacéis: seguid vuestra intuición en el camino del aprendizaje y del conocimiento.

Conoced las palabras para subvertir el orden establecido, para transformar vuestra escritura en un estilo de vida de vuestro tiempo. En una representación de una época donde debéis renovar el lenguaje, transformarlo, dotarlo de nuevos contenidos, de nuevos registros y matices que cada cierto tiempo aparecen en el horizonte y los mayores rechazan por sistema.

Sed osados siendo humildes, sed aventureros siendo sencillos, sed complejos siendo claros, sed viajeros sin moveros del sitio desde donde escribís. Transformad el lenguaje si lo necesitáis, cambiad los registros de las voces, incluso vuestro modo de andar y de vestir. Desde vuestro lugar volved al paisaje, con vuestra energía sentid el aire de la escritura, respirar con ella más allá de lo que los demás hagan, escriban u os digan que se debe hacer.

Escribid vuestra canción, escribid vuestro himno, vuestro poema de la servilleta hasta que hayáis encontrado ese camino donde podréis cerrar los ojos y pensar que también os habéis divertido, que mereció la pena pues, aunque sufráis al principio, aprenderéis al final. Recordad por último que se puede ser feliz en el intento y que se pueden dejar de lado todos los sinsabores de la vida y los mismos zarpazos de la escritura, una vez que se empieza a escribir y no se puede dejar de hacerlo.

Escribid desde la verdad y lanzaos a tumba abierta a la misma vida, pero escribid de todo: de la vida, de la muerte, de la paz y de la guerra, de la revolución si es necesario, del baile, del amor, sobre música, sobre cine, del desamor y del dolor, de combates, de besos, de sexo, de religión, de paz, de Dios, de tantos temas como dedos tenéis para escribir el primer poema en una servilleta mientras vuestro amigo bebe una cerveza a vuestro lado. Hacedlo con todas las ideas posibles que se os ocurran y os ronden por la cabeza cuando estéis solos.

Pero si lo vais a hacer, sentíos libres, respetad el oficio e invocad a las palabras en todos los sentidos y en todas sus formas. Con ruido o en silencio, estando solos o acompañados, siendo aplaudidos o rechazados, sintiéndoos agredidos o sencillamente confortados.

Pero huid de lo que parece que puede ser excesivo o hermoso sin más y huid de las prisas y de lo que os pidan los demás. Huid de las exigencias del mercado, de las presiones de los políticos, de las amenazas veladas de algunos editores, de las suspicacias de otros escritores, de las solicitudes de los lectores si no coinciden con vuestras necesidades.

Huid de las debilidades de la misma escritura para atrincheraros en la verdad de un estilo propio, único, distinto; una marca ligada a vuestro nombre para poder seguir en una línea que os represente en todos los ecos y sentidos.

Es la ley del escritor libre que os definirá como sois y os mantendrá ante los demás, tal como os verán más tarde en un espejo plano que puede brillar en un primer momento, pero que a la siguiente aproximación puede deformar incluso vuestro retrato, si este no es auténtico y verdadero. Porque de eso se trata, se trata de tener dignidad con lo que se hace y se dice, de ser honestos y aceptar lo que se escribe. De dibujar con palabras un retrato que va cambiando con las palabras que utilizáis en cada tiempo.

Se trata de conformarse con todo sin ocultar nada. De dibujar el más bello pergamino de la historia individual cuando las palabras responden con creces a lo que se pretende, se desea explicar, se quiere contar, se cuenta y se explica todo con tan poco.

Hablamos de ese tiempo cuando no sabíamos a qué nos íbamos a dedicar y la escritura nos eligió como un destino escrito por las novelas, poemas, cartas y tex-

tos que leímos antes o hemos escrito en un período
determinado, tanto como las que vamos a escribir más
tarde, en un futuro próximo, que está por llegar, con
las manos que se deslizan suavemente por las mismas
palabras que utilizamos a diario, pero de otra manera.

Se trata de ser felices con lo que escribimos y que los
demás se contagien de esa felicidad porque hemos
acertado con las palabras utilizadas, que estaban antes
que nosotros y que esperaban nuestra llegada para
separarse de las que no tenían que estar ahí, con el fin
de que luzcan en su íntimo significado y con un único
y acertado brillo, que luego algunos llamarán, más
tarde, arte, poesía o literatura.

Así de sencillo y así de complejo a la vez, pero más fácil
de lo que parecía en un principio. Nosotros, sin saber
en qué íbamos a convertirnos, escribíamos poemas y
dibujábamos un retrato con palabras en un papel en
blanco que costaba muy poco y que una mano benévola
sacó de la basura y recogió sin más del suelo; un papel
que volará por muchos lugares con el paso del tiempo.

Volará tanto que será como una caricia de una persona
a otra y valdrá tanto como un llanto que se consuela,
como un reconocerse, como un momento alegre, uno
de paz para el que sufre y quién sabe, quizá mucho
más, algo que nadie, ninguno de nosotros pueda imaginar por más que sea capaz de soñar con el mejor de
los mundos posibles y el mejor de los sueños imposibles
aún por demostrar y vivir.

Escribe como eres y deja volar la escritura con naturalidad. Libre de complejos, unida a tu voz interior,
a tu cuerpo, aunque, finalmente, como todo creador
que busca su camino, te puedes equivocar.

¡POR EL AMOR DE DIOS, ESCRIBE!

¡Por el amor de Dios, escribe! Si no lo haces y no empiezas un día cualquiera, no sabes lo que te pierdes. Si no coges un papel, luego un bolígrafo o un lápiz y comienzas a escribir algunas palabras: las necesarias, las justas, sobre lo que sientes y tienes dentro, no sabrás adónde puedes llegar con la escritura.

No podrás sacarlas si no lo haces. Al hacerlo, además, esas palabras adquieren un sentido pleno, corren con otro ritmo y se van aclarando mientras se despeja el pensamiento y se aclara también lo que estaba confuso dentro de uno.

La escritura se confunde con la vida y con el sueño y es parte de la realidad y la imaginación. Se apropia de uno y se adentra en la aventura del ser humano y del mismo mundo. Lo hace sin darse cuenta, pero se introduce en medio de la naturaleza y se lanza al fondo del mar.

La escritura profundiza en la explicación del hombre, en los sentimientos de las mujeres, en las alocadas travesuras de los niños. Se mete de lleno en el cuerpo y saca lo mejor de cada uno.

La escritura muestra la vida como es y debería ser, como fue o debería haber sido. Pero no por eso se oculta en la realidad, todo lo contrario, y así el dolor, el drama y la tristeza tienen un lugar porque también ahí, en la escritura triste y desolada, surge la complicidad, la amistad, la compañía, la alegría, la luz.

Por sus luces variadas, la escritura se siente de muchas maneras y formas. La escritura siente la poesía y la poesía siente la vida con la escritura. Siente al hombre y a la mujer. Siente sus deseos y sus anhelos, sus temores, sus miedos y, finalmente, renuncia a sacar lo peor de cada individuo para salvar y declarar lo mejor de cada uno.

Por eso, si la escritura te atrapa, o si lo que te atrapa es la lectura, estás salvado. Serás libre en todos los sentidos y serás feliz por lo que sientes que haces y escribes. Sentir la vida es sentir la escritura. Con la escritura no puedes ser esclavo de ninguna idea, no puedes estar metido en ningún capricho porque sí.

La escritura te libera de someterte a la derrota, al caos, a la muerte, porque, aun hablando de la muerte, aparece la vida, y aun hablando del caos, llama a la esperanza, y aun hablando de la derrota, es la victoria del hombre libre sobre el hombre sometido a su aburrimiento y a la falta de horizontes.

Es divertida, es amena, es rápida y lenta, alta y delgada, puede ser bella y parecer fea, puede ser grotesca o ridícula y, en el fondo, ser elegante y educada, porque la escritura nos instruye ante la vida y saca lo mejor de todos: de los escritores y los lectores. Así es todo y es nada, como dicen los filósofos, tiene notas y ritmos, como la música, tiene el eco de la mejor de las religiones y tiene una maestría indudable para coexistir con la vida que nos rodea.

Si escribes, vives; si escribes, cantas; si escribes, no dejas que otros lo hagan por ti y te conviertes en el protagonista absoluto de un mundo donde el universo ordena tu mente para que los demás se asombren por ese juego maravilloso de la naturaleza.

Por Dios, escribe, no esperes más, todo esto que parece tan complicado será un día muy sencillo y entonces, toda la paz de las letras, la calma de la poesía, la felicidad de la escritura se mostrará de lleno con una luz que no se podía reconocer en un primer segundo cuando todo parecía difícil y confuso.

Escribe como te dé la gana, como sientas que has de hacerlo, escribe. Hazlo y verás cómo todas las puertas se abren y alguna más, que aparentemente se cerraba, quedará así entreabierta para el resto de la vida.

Escribe sin pensar en el futuro, mucho menos en la eternidad. Si lo haces con libertad verás que todo se abre y florece en tus manos para que el soplo de la vida te lleve a lugares inverosímiles y rincones ocultos del planeta.

El planeta de la escritura es el más bello y profundo de la vida del escritor, y es lo que se va reconociendo mientras parece que se desconoce todo lo demás. Es la aventura que nos permite ser y sentir lo que somos, mientras las palabras nos enredan en un bosque donde los diferentes climas y las desiguales temperaturas nos convierten en seres de distintas edades.

Es así de sencillo: el gozo de la escritura es como la felicidad en el amor cuando todos los factores se unen para sentir una luz donde antes no había nada. Y en la oscuridad de los sueños y en la opacidad de la misma vida, la escritura se alza en un dominio libre donde los escritores participan de un diálogo con los muertos y los vivos.

Los muertos reviven en la escritura y los vivos pueden leer lo que se escribe apropiándose de una biografía sentimental que es la de todos. Pero hay más. Con la escritura las mujeres tienen voz, los encarcelados se sienten libres, los torturados se curan y los perseguidos vuelven a casa con tranquilidad. Los enfermos sanan. Con la escritura los niños aprenden de las ideas y elaboran los pensamientos, las madres se encuentran con sus hijos y los padres hacen reír a los que están a su lado.

Con la escritura las razas se comprenden, los descreídos se acercan a Dios, los maleantes retoman su errático rumbo y los aburridos de sí mismos dejan de hacer el ganso para convertirse en nuevas personas, con un ánimo diferente, pleno. Con la escritura se enfrenta uno al poder, se enfrenta uno a sus miedos, se enfrenta uno a la falta de libertad, se enfrenta uno contra todo lo que no está bien y se puede mejorar.

Pero con la escritura no se dice a los demás lo que tienen que hacer, no se les dice lo que tienen que pensar, lo que tienen que comer o beber ni cómo han de comportarse o divertirse, sino que se les deja en paz. Se muestran diferentes caminos de vida mientras las palabras toman un sentido y descubren una orientación determinada.

Con la escritura se es más bello, aun siendo el mismo feo, el de siempre, se es más inteligente, aun pareciendo la tonta de siempre. Se es lo que se es y se puede ser porque también los sueños viven entre las palabras que se escriben y reviven aún más entre las que se dicen. Escribe entonces, hazlo naturalmente y verás como todo coge el rumbo que parecía difícil, imposible y alejado de tus propias posibilidades.

La escritura amplía la mirada como aumenta las opciones de crear un mundo nuevo. Ensancha todos los ecos posibles. El grito y la protesta, la caricia y la ternura, la necesidad de involucrarnos con el mundo que nos toca y que da paso a la verdadera naturaleza de los hombres.

Las palabras, la escritura, la poesía es ese paisaje que ven tus ojos, esa naturaleza que has de cuidar con respeto como cuidas con educación tus ideas y tus pensamientos y muestras con cautela tus confesiones para ser libre y seguir el rumbo que te pertenece.

La escritura te eleva ante todos. Incluso a los peores escritores, a los que perdieron y pierden la decencia por envidia, por vanidad, llega un momento en el que se les perdonan los errores cometidos y se les dignifica a pesar de sus mediocridades.

Pero volvamos a lo mejor de ella, a lo que no se dice. La escritura vive en la tierra con los hombres, respira con los pájaros y los animales, vuela con los fantasmas del recuerdo y las apariciones visionarias del futuro, cambia el tiempo y moldea el presente, retoca el pasado y llama al futuro antes de tiempo.

La escritura no tiene límites: un poema, una carta de amor, una novela, un cuento que se lee de noche, un discurso que se prepara, son fragmentos de una escritura múltiple que se completa en muchas lecturas que interpretan el mundo de los vivos y los muertos, el mundo de los sueños. Su felicidad se comparte mientras las imágenes de la vida van pasando por nuestros ojos.

Defender la escritura no tiene ningún misterio: con ella se es libre para empezar y se es más libre para acabar, algo que no sucede en otros oficios. Se es muy feliz entre medio, aunque haya gente que no se dé cuenta de sus posibilidades.

Yo, que empecé con unos poemas de la servilleta, soy consciente de la riqueza de este oficio, que es artesanal, mágico y sagrado, urbano y rural al mismo tiempo, metafísico y práctico, generoso y humilde, barato y caro a la vez.

¿Por qué no se escribe más?, me pregunto. ¿Por qué no escriben los jóvenes? ¿Por qué no lo hacen las madres? ¿Por qué no se escriben unos a otros? ¿Por qué no se intercambian las cartas de todos sus pensamientos si la escritura nos salva de los errores cometidos y nos redime de lo que no quisimos ser y somos?

Es así, nos salva de lo que no somos y somos, de lo que podemos ser. Y nos concede las voces que por lo general no tenemos, que no salen de nuestras bocas, pero que, sin hacer daño o faltarle el respeto a alguien, nos descubren las elementales fantasías de nuestro ser.

La escritura nos respeta si respetamos el curso de la lectura y a los lectores. Nos dulcifica, nos enamora, nos acurruca en una cuna que es la vida de todos en la de uno. También nos enerva y nos contradice, nos lleva la contraria, pero nos conecta con lo que hacemos y nos libera de nuestras obsesiones, nos conduce por un mundo extraño de irrealidades y nos devuelve a una playa con el sonido de las olas en nuestra cabeza.

Moldea nuestro ser. Da forma a la vida y conjuga el fracaso y el éxito en una realidad única, humilde, donde el escritor, el que escribe, se muestra con todos sus sentidos delante de un espejo que parece que es la vida que pasa ante cada uno.

Cada uno de nosotros debería escribir de su vida, así como debería intentar convertirse en lo que sabe que podría ser y no lo que se espera de él. La escritura es eso que no se sabe hasta que llega, y se expresa con palabras y silencios mientras los demás están obsesionados con el ruido y la atmósfera contaminada.

Nos hace libres y nos hace sentirnos elevados, nos lleva a vivir cerca de la gente, a ser parte de ella. Nos saca de nuestras habitaciones y nos lanza a la mitad de todas las plazas concurridas de las ciudades. Nos hace andar con tiento entre las palabras con el fin de que corramos a velocidades incalculables por todas las esquinas del mundo.

Entonces ¿por qué no escribes? Escribe, escribe y vuelve a escribir para darte cuenta de que lo que tienes se lo puedes ofrecer a todas las personas del mundo y no solo a las que te acompañan o están cerca. Lo que guardas en tu mente puede salir hasta la luna de los sentimientos más maravillosos y los sentidos más enigmáticos que aún se desconocen, pero que se conocerán algún día.

Nos hace ser astronautas y científicos, payasos y malabaristas, cantantes y presentadores, bailarines y sacerdotes, profesores y alumnos, nos hace pasar por todos los oficios del mundo porque en ese aprendizaje continuo de la escritura está la realidad que nos cambia de vida, sin que nos demos cuenta.

¡Ah!, la escritura. ¡Ah!, el poema cuando se escribe y se acaba. O cuando se escribe y no se termina. ¡Ah!, los diálogos que nos muestran las voces que parecen surgir de la nada. ¡Qué maravilla en nuestras manos, qué alegría indescriptible en los rostros, qué dulce aire que nos conforta cuando se pone el punto final y todo queda en paz y en calma!

¿Por qué entonces la gente no escribe?, me pregunto. Si escribieran, aun con faltas de ortografía, aun con frases demasiado simples, aun con estrofas incomprensibles, aun con juegos de humor ininteligibles, aun con discursos serios, aun con confesiones secretas que nunca deberían salir del cajón de sus armarios, si lo hicieran encontrarían que el mundo les corresponde y que no tienen por qué preocuparse y que pueden seguir viviendo con lo que la vida les ofrece.

Entenderían que un día de lluvia es tan hermoso como uno de mucho calor cuando se está tumbado en la playa. Entenderían que uno de frío, mientras se trabaja en la calle, es tan necesario y bello como cuando se está resguardado, acurrucado en la cama por ejemplo, sin pensar en las horas. Entenderían que la existencia nos ofrece las maravillas que la escritura recoge con asombro y los devuelve a la vida.

Entenderían que se puede ser libre con la ayuda inestimable de la escritura cuando los hombres y las mujeres están enzarzados en sus problemas diarios, sin poder ver siquiera una salida a pocos metros de sus ojos. Entenderían que la realidad envolvente es lo que nos acerca a la misma felicidad de las cosas, tal como la escritura nos conduce a la realidad de las palabras que construyen los mejores sentimientos en torno suyo y los sentidos más hermosos a su alrededor. Los sentidos de la vida y del conocimiento, de la religión, de la humanidad, del amor y de la amistad, de la nostalgia que se confunde con un abrazo.

Entenderíamos por fin que lo que de verdad se necesita es la felicidad de las pequeñas cosas que nos ofrece la vida a diario: un amanecer más, un atardecer diferente, un anochecer más oscuro que el anterior. Entenderíamos que esa felicidad está entre el silencio que estaba en un principio y el habla que conjuga la realidad que manifiesta lo que vivimos, somos, sentimos y hacemos en cada momento.

Es hermosa la vida porque es hermoso el ser humano que se quiere a sí mismo y se preocupa por su prójimo mediante la escritura más asombrosa que nos acerca a la verdad de las cosas y transciende las sobrenaturales.

Ese el prodigio de la vida y el misterio del ser humano, el secreto de la escritura que responde con su magia ante al aburrimiento y la desazón del hombre que se deja mecer por la vaguedad de unos silencios inalcanzables cuando la escritura ofrece la posibilidad de realizarte y de llegar con ellos a la cumbre más alta de cualquier cordillera inalcanzable. Al sueño más profundo de cada uno, al eterno deseo inconfesable de cada individuo que, por pensar tanto en sus problemas, se olvida de que existen diferentes caminos para conocerse, de la misma manera que hay muchas maneras de salvarse y de reconocerse en el proceso de una vida que nos une a las palabras y a los hechos.

¿Por qué no escribes, amigo? Hazlo y verás cómo la música de tu ciudad cambia de la noche a la ma-ñana, cómo te convierte en un ser diferente que no necesita de la aprobación de los demás, que no necesita del aplauso de la gente para sentirse feliz y alegre con lo que hace y descubre en cada uno de sus movimientos.

Si algún día escribes ese primer poema de la servilleta, escribe otros más y sigue hasta que la escritura te atrape sin que te des cuenta de que lo hace. Si persistes, comprobarás cómo comienzas a observar todo de otra manera, a escribir de otra manera y no solo para ti y para los que tienes más cerca, sino para el resto del mundo, porque la escritura es esa suma de escrituras que nos une a múltiples voces que se escuchan desde el pasado al presente y llegarán, sin duda, al futuro.

Quizá seas tú ese presente aún hoy sin forma, inacabado, que retomará los poemas de la servilleta y estará llamado a conducirnos al futuro. Ojalá lo seas, porque de la misma manera que aprenderás mucho, te divertirás por igual.

Quizá seas tú, mi buen amigo, ese poeta que esperamos, ese novelista que nos gustaría conocer, ese cuentista que nos llegará a hipnotizar con sus palabras o ese sabio que habla de la vida con palabras escogidas, tiernas, profundas, pero sencillas.

Bastaría no obstante que fueras ese amigo que escribe al que lo necesita, esa madre que escribe a su hijo, esa hija que escribe a su padre enfermo, ese joven que declara su amor, ese hombre maduro que enumera en un papel las nuevas prioridades de su vida. Sería suficiente con que fueras esa mujer que escribe el testamento mientras mira por la ventana y alza la cabeza, o esa otra que enumera la lista de la compra o ese que apunta una primera estrofa en cualquier sitio, para saber que es así la vida cuando los poemas de la servilleta nunca caen al suelo.

Y nunca caen al suelo de verdad porque siempre habrá una mano para recogerlos, casi como por descuido, por azar o por voluntad, para que el corazón mismo de las palabras alce de nuevo su vuelo y la escritura pase de unos a otros y dibuje el camino de la vida a los que lo necesiten, como aclara el sendero de la muerte a los que no la sienten con una luz que pasa de una mano a otra.

De unas generaciones a otras, de unos tiempos a otros, de un espacio a otro, la escritura nos toca y no nos abandona nunca; incluso en el mayor de los silencios, cuando pensábamos que no existía la magia y tampoco vivíamos el asombro de cada momento como una gracia divina y un misterio que se resuelve en el mundo, cada vez que se levanta el día y la gente sale a la calle, mientras también hay algunos rezagados que se quedan en la cama, remoloneando, con el dulce sabor de los sueños más emblemáticos que la escritura posó en sus cerebros la noche anterior. Con esas palabras acertadas que van y vienen para ser más libres y acercarnos a la felicidad de las cosas pequeñas y los momentos inolvidables.

Escribe amigo, hazlo y verás cómo la magia de la escritura, la verdad sencilla que se demuestra en todos sus actos, aparece en la poesía, en la vida, en la conversación entre iguales mientras la memoria acecha al recuerdo y el instante perdura para siempre en esas páginas abiertas donde una mano escribe con tacto, con ternura, con gusto, con belleza sobre las cosas que se reconocen en su justa medida.

Lo demás es parte también de la vida, pero la vida de la escritura responde a la más insospechada belleza del ser y del pensamiento cuando, como personas normales que somos, salimos a la calle y nos unimos al resto de los mortales que hablan de sus cosas, sin saber que la escritura les ronda hasta que un día llega una idea o un poema que no se sabía de dónde salió o quién dejó tirado en esa esquina.

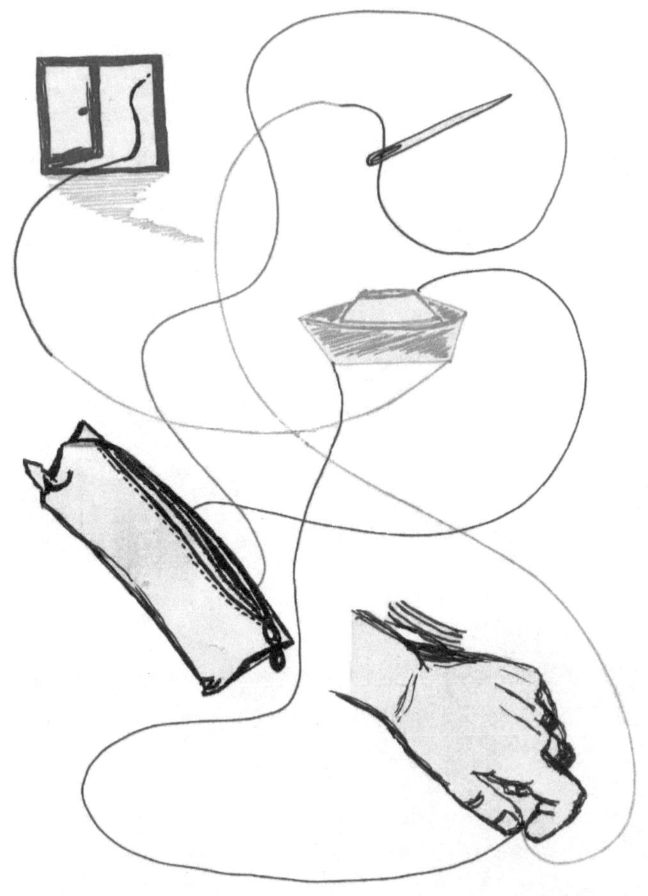

CONTENIDO

Los primeros pasos — 5

Las palabras y el cuerpo — 19

La vida de la escritura — 35

El amor por lo que se dice — 55

El amor por los lectores — 69

El respeto por el oficio — 83

Cómo se cambia con la escritura — 97

Lo que hay que hacer — 109

¡Por el amor de dios, escribe! — 121

Este libro fue diseñado por CGR
bajo el sello personal KM en Vitora-Gasteiz,
año 2020.